सरहद के आर-पार की शायरी

डेढ़ सौ सालों से भी ज़्यादा पुरानी ग़ज़ल कहने की परंपरा अविभाजित भारतीय उपमहाद्वीप के दकन से लेकर दिल्ली, लखनऊ, लाहौर और कराची तक प्रचलित थी। लेकिन 1947 में हिन्दुस्तान और पाकिस्तान की सरहदें खिंचने के साथ ही शायरों की पहचान भी हिन्दुस्तानी और पाकिस्तानी हो गयी। पर शायरी के मुरीदों का इस बात से कोई सरोकार नहीं कि शायर किस देश का है। शायरी के पुराने उस्तादों को तो जहाँ सभी जानते हैं वहीं पिछले कुछेक दशकों में पाकिस्तान और हिन्दुस्तान में बहुत से बेहतरीन शायर हुए हैं जिनसे लोग ज़्यादा वाकिफ़ नहीं क्योंकि उनकी शायरी देवनागरी में उपलब्ध नहीं है। इस कमी को दूर करने के लिए 'सरहद के आर-पार की शायरी' शृंखला प्रस्तुत है जिसमें एक पाकिस्तानी और एक हिन्दुस्तानी शायर की ग़ज़लों का लुत्फ़ पाठक एक ही किताब में उठा सकता है।

शायरों और उनकी ग़ज़लों का चुनाव और संपादन तुफैल चतुर्वेदी ने किया है जो बरसों से अपनी पत्रिका, ल.फ्ज़, के माध्यम से हिन्दी के पाठकों को उर्दू की बेहतरीन शायरी से परिचित कराते रहे हैं।

अज़हर फ़राग़ और अहमद कमाल परवाज़ी की ग़ज़लें पहली बार देवनागरी में प्रकाशित।

सरहद के आर-पार की शायरी

अज़हर फ़राग़ और अहमद कमाल परवाज़ी

संपादक
तुफ़ैल चतुर्वेदी

लिप्यांतरण
इरशाद ख़ान 'सिकन्दर'

ISBN : 9789386534958

प्रथम संस्करण : 2019 © राजपाल एण्ड सन्ज़
SARHAD KE AAR-PAAR KI SHAYARI
AZHAR FARAG AUR AHMAD KAMAL PARVAZI (Poetry)
Edited by : Tufail Chaturvedi

राजपाल एण्ड सन्ज़
1590, मदरसा रोड, कश्मीरी गेट, दिल्ली–110006
फ़ोन : 011–23869812, 23865483, 23867791
e-mail : sales@rajpalpublishing.com
www.rajpalpublishing.com
www.facebook.com/rajpalandsons

क्रम

भूमिका

शहरों में गुलदस्ते बना कर बेचने का काम ख़ासे पैमाने पर होने लगा है। इस काम को करने वाला कुछ ताज़ा हरी पत्तियों, सूखी घास और रंगबिरंगे फूलों को एक साथ सजा कर बांधता है। किसी फूल की एक दो पत्तियाँ मुरझा रही होती हैं तो उन्हें नोच कर हटा देता है। हरी पत्ती का कोई हिस्सा पीला हो रहा होता है तो उसे बदलता है। सूखी घास को कतरता है। इस तरह गुलदस्ते की भरपूर और अच्छी शक्ल उभर आती है।

ग़ज़ल भी इसी तरह का काम है। कुशादा, भरपूर क़ाफ़ियों वाली बढ़िया और ताज़ा ज़मीन की तलाश। मिल जाने पर सही और उपयुक्त अल्फ़ाज़ का चयन, रदीफ़ और क़ाफ़ियों के जोड़े बिठाना, इस तरह ख़याल का बेसिक अहाता बनाना और फिर ख़याल को रदीफ़-क़ाफ़िये में ढाल कर शे'र में कहना। कुछ समय बाद इस तरह की 100–125 ग़ज़लों के इकट्ठा हो जाने पर किताब का डौल डालना और अपनी तरफ़ से कलाम को तारीख़ में दाख़िल करने, सहेजे जाने का इंतज़ाम करना। अगले वक़्तों में ग़ज़लों की किताब से आगे की चीज़ होती थी जिसे दीवान कहा जाता था। दीवान और आम किताब में फ़र्क़ ये था कि किताब में हस्बे-ताक़त या ज़रूरत 100–200 ग़ज़लें होती हैं जबकि दीवान में उर्दू वर्णमाला के पहले अक्षर 'अलिफ़' से अंतिम अक्षर 'ये' तक सारे अक्षरों की रदीफ़ होना शर्त है।

हर अक्षर को निभाने के चक्कर में बेतुकी रदीफ़ें तलाश करके ग़ज़लें कही जाती थीं। अक्सर ये ग़ज़लें रियाज़ी होती थीं। जिन ग़ज़लों को अपने कलाम की हिफ़ाज़त के लिए एक चौकन्ना शायर ख़ुद फाड़ कर फेंक देता, उन्हें दीवान बनाने के लिये हर अक्षर की रदीफ़ ज़रूरी है, की शर्त के तहत रख लिया जाता था। ये हरकत आहिस्ता-आहिस्ता मिज़ाज का हिस्सा, आदत बन जाती थी। ऐसा होने से नुक़सान यह हुआ कि कलाम की काट-छांट नहीं

की गयी और असातिज़ा[1] के यहाँ निरर्थक शायरी का पहाड़ खड़ा हो गया। असदुल्लाह ख़ाँ 'ग़ालिब' पहले शायर थे, जिन्होंने अपने कलाम की काट-छांट की। उन्होंने न केवल स्वयं ये काम किया बल्कि बाद में उनके शागिर्द 'हाली' पानीपती ने भी उस्ताद के कलाम को सँवारा। मिज़ाह[2] के उस्ताद शायर दिलावर फ़िगार साहब का एक शे'र हाज़िर है—

सइ-ए-हाली से हुई गालिब की दुगनी मंज़िलत

लेकिन इसमें आपका दीवान आधा रह गया

शायरी का उपयुक्त चयन न करने का परिणाम यह हुआ कि ऐसे बहुत से शायर जिनका कलाम तारीख़ में दर्ज हो सकता था, गुमनामी में खो गए। अभी पिछली सदी के सबसे चर्चित शायरों में से अधिकांश के साथ भी ऐसा ही हुआ है। एक बहुत मशहूर नाम, जिनका उस वक़्त जलवा बल्कि हेकड़ी थी बिलकुल नदारद हो चुके हैं। उन्होंने गुलों के जितने नग़मे तरतीब दिये, तारीख़ की बिसात से साफ़ हो गए। क़िब्ला को दुग़ज़ला, तिग़ज़ला, चौग़ज़ला कहने का शौक़ बल्कि अब की समझ के हवाले से कहें तो मरज़ था। धुआँधार क़ाफ़िये निभाए जाते थे। नतीजतन क़ाफ़ियापैमाई हाथ आती थी। पूरी ग़ज़ल में बमुश्किल एक शे'र कई बार तो वो भी नहीं, बरामद होता था।

आख़िर जितनी बिजली है उसी से तो बल्ब जलेंगे। 500 वाट का एक बल्ब जला लीजिये या 100 वाट के 5 बल्ब जला लीजिये। उन्होंने 100 वाट के 50 बल्ब जलाये नतीजा ये हुआ कि 100 वाट के 50 बल्ब 5 वाट के दीये बन कर टिमटिमाने लगे। जब तक आप हयात थे धींगामुश्ती, धरपटक, लिहाज़, वग़ैरा काम आये मगर अब कोई नामलेवा नहीं बचा। सारा जोश निकल गया। सारा ख़ुमार उतर गया। सब कुछ बेफ़ैज़ हो गया।

ऐसी शायरी किस काम की जिसे स्टेज पर ड्रामेबाज़ी, गायकी का सहारा लेना पड़े? मुशायरे में ग़ज़ल गायकी के बल पर या कूल्हा लगाने से चल जाएगी मगर वक़्त तो बड़ी ज़ालिम चीज़ है। उसकी नज़र में जगह बनाने के लिये बड़ी मेहनत दरकार है। वो निर्मम है। किसी का लिहाज़ नहीं करता। किसी का ड्रामा, गाना उसे याद नहीं रहता।

---

1. उस्ताद 2. हास्य

...मिर्ज़ापुरी,...कानपुरी,...जयपुरी जैसे न जाने कितने गवैये उसने फूँक से उड़ा दिए। कारण यही था कि इन साहिबान ने ग़ज़ल का रियाज़ करने की जगह गाने का रियाज़ किया। दिलावर फ़िगार साहब ने पहले ही चेतावनी दी थी। ''ये टेंटुआ तो किताबों में छप नहीं सकता।''

उस पीढ़ी ने न सही मगर बीसवीं सदी के ख़त्म होते-होते शायरों की सोच में बदलाव आ गया। दो-ढाई सौ साल के बाद ग़ज़ल की तारीख़ में अब वो मुक़ाम आ ही गया जब शायरों ने अपने कलाम की छान-फटक करनी शुरू कर दी।

परिणामत: बहुत चौकन्नी, ज़ायक़े वाली शायरी सामने है। फीकी, सीठी, बेस्वाद ग़ज़लें ओझल होती जा रही हैं। ऐसे ख़याल जो ग़ज़ल का हिस्सा सोचे ही नहीं जा सकते थे, उभर-उभर कर सामने आ रहे हैं। अच्छी ग़ज़लों का ताँता सा बंध गया है। अब ग़ज़लों के गुलदस्ते बनाने का फ़न ज़ोर पर है।

जनवरी, 2019   —तुफ़ैल चतुर्वेदी

tufailchaturvedi@gmail.com

पाकिस्तानी शायर

अज़हर फ़राग़

अज़हर फ़राग़

31 अगस्त 1980 को पाकिस्तान के ओकाड़ा में जन्मे अज़हर अमीन जिनका कलमी नाम अज़हर फ़राग़ है, कई बरसों से बहावलपुर में रहते हैं और एक एन.जी.ओ. के साथ जुड़े हैं। पिछले पंद्रह बरस से वो लगातार उम्दा शायरी कर रहे हैं। इतनी कम उम्र में शायरी में ये परिपक्वता कम ही देखने को मिलती है। उनके काम के लिए पाकिस्तान में उन्हें सम्मानित भी किया जा चुका है। उनकी शायरी की किताबें, *मैं किसी दास्ताँ से उभरूँगा* और *इज़ाला*, केवल काग़ज़ पर ही नहीं छपीं बल्कि उर्दू पाठकों के दिलों पर भी जैसे छप चुकी हैं। ये किताबें उर्दू में होने के कारण अब तक हिन्दी के पाठक उनकी शायरी से वंचित थे। अब उनकी चुनिन्दा ग़ज़लों को पहली बार देवनागरी में हिन्दी पाठकों के हवाले कर रहे हैं। उनसे आप ईमेल से सम्पर्क कर सकते हैं – azharfragh123@gmail.com

1

कैसे दुनिया का जायज़ा लिया जाय
ध्यान तुझ से अगर हटा लिया जाय

तेज़ आँधी में ये भी काफ़ी है
पेड़ तस्वीर में बचा लिया जाय

ये ख़मोशी मिरी ख़मोशी है
इसका मतलब मकालमा[1] किया जाय

एक होने की क़समें खायी जांय
और आख़िर में कुछ दिया-लिया जाय

हम जिसे चाहे अपना कहते रहें
वही अपना है जिसे पा लिया जाय

क्यों न आज अपनी बेबसी का ‘फ़राग़’
दूर से बैठकर मज़ा लिया जाय

---

1. बातचीत

2

यार बजा[1] यार नहीं रह गये
रास्ते हमवार[2] नहीं रह गये

ख़ैर परिंदे तो पलट आएँगे
लोग तो उस पार नहीं रह गये

तुम जहाँ तस्वीर बने बैठे हो
हम वहाँ दीवार नहीं रह गये

ये तो इज़ाला[3] है नये जुर्म का
और जो आज़ार[4] नहीं रह गये

वक़्त से पहले हुए तैय्यार हम
वक़्त पे तैय्यार नहीं रह गये

---

1. सही 2. समतल 3. प्रायश्चित 4. रोग

3

शबे-फ़िराक़[1] का मँज़र नहीं बदलने दिया
कोई चराग़ जलाया न मैंने जलने दिया

हम इसका रद्दे-अमल[2] जानते थे पहले से
सो हमने गेंद ज़ियादा नहीं उछलने दिया

दलील[3] उसको दरीचे की पेश की मैंने
किसी को पतली गली से नहीं निकलने दिया

फिर उसके बाद गले से लगा लिया मैंने
ख़िलाफ़ अपने उसे पहले ज़हर उगलने दिया

ये लोग जाके कई बोगियों में बैठ गये
समय को रेल की पटरी के साथ चलने दिया

---

1. वियोग की रात 2. परिणाम 3. तर्क

4

पलँग एक अलग लिहाफ़
क़ुबूलियत[1] न इनहिराफ़[2]

बिछड़ना चाहिए हमें
तो यूँ कहो न साफ़-साफ़

अगर तू तेग़ फेंक दे
तुझे मिरा लहू मुआफ़

इधर ज़रा सी बात की
उधर किसी का मूड ऑफ़

उतर के झील में भी हम
हैं ज़ेरे-आब[3] नाफ़[4]-नाफ़

पुरानी आशनाई पर
बहुत जंचेगा इख़्तिलाफ़[5]

वो क्या किताब खोलते
जो चूमते रहे गिलाफ़

---

1. स्वीकार्यता 2. अवज्ञा 3. पानी के अन्दर 4. नाभि 5. विरोध

5

दोष देते रहे बेकार ही तुग़यानी[1] को
हमने समझा नहीं दरिया की परेशानी को

ये नहीं देखते कितनी है रियाज़त[2] किसकी
लोग आसान समझ लेते हैं आसानी को

बेघरी का मुझे अहसास दिलाने वाले
तू ने बरता है मिरी बे सरो-सामानी[3] को

शर्मसारी[4] है कि रुकने में नहीं आती है
ख़ुश्क[5] कब तक कोई करता रहे पेशानी[6] को

आप से राय तलब की है जुनूँ पर किसने
छोड़िए आप मिरी चाक-गिरेबानी[7] को

जैसे रँगों की बख़ीली[8] भी हुनर हो ‘अज़हर’
ग़ौर से देखिए तस्वीर की उरियानी[9] को

---

1. बाढ़ 2. अनवरत अभ्यास से आने वाली सिद्धता 3. अभावों 4. लज्जा 5. सुखाये 6. माथे
7. फटे कपड़े (मजनूँपन) 8. कंजूसी 9. नग्नता

6

भँवर से ये जो मुझे बादबान खींचता है
ज़रूर कोई हवाओं के कान खींचता है

किसी बदन की तमाज़त[1] निढाल करती है
किसी के हाथ का तकिया थकान खींचता है

नशिस्त[2] के तो तलबगार[3] ही नहीं हम लोग
हमारे पाँव से क्यों पायदान खींचता है

बदल के देख चुकी है रियाया[4] साहिबे-तख़्त[5]
जो सर क़लम नहीं करता जुबान खींचता है

ये सारा झगड़ा तिरे इन्हिमाक[6] का ही तो है
समेटता है कोई दास्तान खींचता है

चरागों में वो चराग़ इस लिए नुमायाँ[7] है
हम ऐसे देखने वालों का ध्यान खींचता है

---

1. गर्मी 2. सभा 3. इच्छुक, अभिलाषी 4. प्रजा 5. सिंहासन पर बैठने वाला, राजा 6. तल्लीनता
7. प्रकट

7

वो जो इक शख़्स मुझे ताना-ए-जाँ[1] देता है
मरने लगता हूँ तो मरने भी कहाँ देता है

तेरी शर्तों पे ही करना है अगर तुझको क़बूल
ये सहूलत[2] तो मुझे सारा जहाँ देता है

तुम जिसे आग का तिरयाक़[3] समझ लेते हो
देने लग जाए तो पानी भी धुआँ देता है

जम के चलता हूँ ज़मीं पर जो मैं आसानी से
ये हुनर मुझको मिरा बारे-गिराँ[4] देता है

हाँ अगर प्यास का ढिंढोरा न पीटा जाये
फिर तो प्यासे को भी आवाज़ कुआँ देता है

---

1. जीवित रहने का ताना 2. आसानी 3. तोड़ 4. भारी बोझ

8

रन्जे-इन्कार[1]   उठाएँगे   नहीं
सिलसिला   और   बढ़ाएँगे   नहीं

मौत की दूसरी कोशिश पर लोग
मरने   वाले   को   बचाएँगे   नहीं

बाज़ रहिए अभी अँगड़ाई से आप
वरना   तस्वीर   में   आएँगे   नहीं

कैसे फ़ितरत[2] से बग़ावत कर लें
ख़ाक   हैं   ख़ाक   उड़ाएँगे   नहीं

हम अगर तेरा भरम रख भी लें
लोग   लोगों   से   छिपाएँगे   नहीं

हम   पलटता   हुआ   देखेंगे   तुम्हें
हम   चराग़ों   को   बुझाएँगे   नहीं

फ़ायदा तर्के-मरासिम[3] का 'फ़राग़'
हम   उसे   भूल   तो   पाएँगे   नहीं

---

1. मना करने का दुख 2. स्वभाव 3. सम्बन्ध तोड़ने

९

हवा के रुख़ पे दिया धर नहीं गया था मैं
बिछड़ गया था कोई मर नहीं गया था मैं

ये और बात कि मैं नामुराद[1] लौट आया
मगर क़तार में लग कर नहीं गया था मैं

सभी ने देखा मुझे अजनबी निगाहों से
कहाँ गया था अगर घर नहीं गया था मैं

हुआ ज़रूर था ओझल निगाह से लेकिन
गये हुओं के बराबर नहीं गया था मैं

पराये कर्ब[2] की तहवील[3] में दिया गया था
ख़ुशी से आग के अंदर नहीं गया था मैं

मिरे ख़िलाफ़ ज़मानों[4] की गर्द[5] सर्फ़[6] हुई
पलक झपकते हुए भर नहीं गया था मैं

---

1. असफल 2. दुख 3. बदले 4. लम्बा समय या काल 5. धूल 6. व्यय, उपयोग हुई

10

कोई रास्ता निकालना पड़ेगा
आग में हाथ डालना पड़ेगा

ख़ुद को तेरे सुपुर्द क्या कीजे
फिर तुझे भी संभालना पड़ेगा

एक ख़त है ख़तों में रक्खा हुआ
सारा माज़ी[1] खँगालना पड़ेगा

माँगने में अगर कमी न हुई
कम से कम पर तो टालना पड़ेगा

मुस्कुराना सिखा रहा हूँ तुझे
अब तिरा दुःख भी पालना पड़ेगा

---

1. अतीत

11

लगता तो नहीं अल्मारी से
वो शख़्स गया तैय्यारी से

सच पूछ तो बेईमानी है
हर इश्क़ दियानतदारी[1] से

ताख़ीर[2] गवारा कर लेते
तो बच जाते दुश्वारी से

कुछ फूल उभरे ख़ुद कागज़ पर
कुछ उभरे नक़्श[3] निगारी[4] से

क्यों बात बढ़ाना चाहते हो
तुम अपनी कमगुफ़्तारी[5] से

'अज़हर' हम दूर के चोरों को
हल्का बेहतर है भारी से

---

1. उदारता 2. विलम्ब 3. चित्र 4. अंकन 5. कम बोलना

12

जितने दिन चाहे वो आकर यहाँ मेहमान रहे
सर पे हम उसका उठाने से तो सामान रहे

कुल असासे[1] की मियाँ एक ही गठरी न बना
ताकि हर टूटी हुई चीज़ की पहचान रहे

तुझ से दरकार[2] मुहब्बत है मुहब्बत के इवज़
मैं नहीं चाहता तुझ पर कोई अहसान रहे

मौसमे-हिज़्र[3] में फूलों की अमलदारी[4] न थी
इक अज़ीयत[5] में मिरी मेज़ पे गुलदान रहे

जिस तरह ज़िन्दगी बीमार का बिस्तर हो 'फ़राज़'
आदमी अपनी ही करवट से परेशान रहे

---

1. सम्पत्ति, पूँजी 2. माँग 3. वियोग काल 4. शासन 5. कष्ट

13

दीवारें छोटी होती थीं लेकिन परदा होता था
ताले की ईजाद[1] से पहले सिर्फ़ भरोसा होता था

कभी-कभी आती थी पहले वस्ल[2] की लज़्ज़त[3] अंदर तक
बारिश तिरछी पड़ती थी तो कमरा गीला होता था

शुक्र करो तुम उस बस्ती में भी इक स्कूल खुला वरना
मर जाने के बाद किसी का सपना पूरा होता था

जब तक माथा चूम के रुख़सत करने वाली ज़िन्दा थी
दरवाज़े से बाहर तक भी मुँह में लुक़्मा होता था

भले ज़माने थे जब शे'र सहूलत[4] से हो जाते थे
नये सुख़न[5] के नाम पे 'अज़हर' मीर का चरबा[6] होता था

---

1. आविष्कार 2. मिलन 3. आनंद 4. सरलता 5. साहित्य 6. चोरी

14

उम्र हम लोग कहाँ काटते हैं
दर्द का कोहे-गिराँ[1] काटते हैं

तुम बसर रौशनी करते जाओ
हम चिराग़ों का धुआँ काटते हैं

इश्क़ वो बाँझ ज़मीं है जिस पर
सूद[2] बोते हैं ज़ियाँ[3] काटते हैं

ख़ुद ही पढ़ते हैं क़सीदे उसके
ख़ुद ही दाँतों से जुबाँ काटते हैं

कोई साज़िश है दुरूने – परदा[4]
तीर अपनी ही कमाँ काटते हैं

ज़ोरे-दरिया[5] की तसल्ली के लिए
मौजा – ए – आबे – रवाँ[6] काटते हैं

रोज़े-महशर[7] की सज़ायें भी 'फ़राग़'
हम गुनहगार यहाँ काटते हैं

---

1. बोझिल पहाड़ 2. लाभ 3. हानि 4. परदे के पीछे 5. नदी के बहाव की तीव्रता 6. बहते पानी की लहर 7. प्रलय के दिन

15

कोई भी शक्ल मिरे दिल में उतर सकती है
इक रि.फ़ाक़त[1] में कहाँ उम्र गुज़र सकती है

तुझसे कुछ और तअल्लुक़ भी ज़रूरी है मिरा
ये मुहब्बत तो किसी वक़्त भी मर सकती है

मेरी ख़्वाहिश है कि फूलों से तुझे फतह करूँ
वरना ये काम तो तलवार भी कर सकती है

हो अगर मौज में हम जैसा कोई अँधा फ़क़ीर
एक सिक्के से भी तक़दीर सँवर सकती है

सुब्ह दम सुर्ख़ उजाला है खुले पानी में
चाँद की लाश कहीं से भी उभर सकती है

---

1. दोस्ती

16

मैं रवां[1] दायरे[2] में रह गया हूँ
इसलिए रास्ते में रह गया हूँ

हर ख़सारे[3] को सोच रक्खा था
मैं बहुत फ़ायदे में रह गया हूँ

सर झटकने से कुछ नहीं होगा
मैं तिरे हाफ़िज़े[4] में रह गया हूँ

गुम हुआ था किसी पड़ाव पे मैं
दूसरे क़ाफ़िले में रह गया हूँ

मैं जरी[5] तो अदू[6] से कम नहीं था
बस ज़रा तजरुबे में रह गया हूँ

मैं किसी दास्ताँ से उभरूँगा
मैं किसी तज़करे[7] में रह गया हूँ

---

1. गतिशील 2. वृत्त 3. घाटे 4. मस्तिष्क 5. तनिक भर 6. शत्रु 7. चर्चा

17

ज़रा सी देर ठहर कर सवाल करते हैं
स.फ़र से आये हुओं का ख़याल करते हैं

मैं जानता हूँ मुझे मुझसे माँगने वाले
पराई चीज़ का जो लोग हाल करते हैं

ज़माना हो गया हालाँकि दश्त[1] छोड़े हुए
हमारे तज़करे[2] अब भी ग़ज़ाल[3] करते हैं

वो दस्तयाब[4] हमें इसलिए नहीं होता
हम इस्ते.फ़ादा[5] नहीं देखभाल करते हैं

वो इश्क़ जिसके गिने जा चुके हैं दिन 'अज़हर'
हम उस चिराग़ की साँसें बहाल करते हैं

---

1. वीराना 2. चर्चा 3. हिरन 4. उपलब्ध 5. लाभ उठाना

18

रो पड़े अर्ज़े-हाल[1] सुनकर क्या
हाथ से गिर गया रिसीवर क्या

लोग उठ उठ के देखने लग जाँय
बैठ जाऊँ तिरे बराबर क्या

आप के तजरुबे पे हैरत है
ऐसा होता नहीं है अक्सर क्या

माँगते हो मिरी नुमू[2] का सुबूत
ऐनी[3] शाहिद[4] नहीं हैं पत्थर क्या

हम अगर अबके साल भी न मिले
फिर उधेड़ोगी तुम ये स्वेटर क्या

इस तबर्रुक[5] को भी ग़नीमत जान
जो मयस्सर[6] है इससे बेहतर क्या

---

1. वस्तुस्थिति 2. बढ़वार 3. प्रत्यक्षदर्शी 4. गवाह 5. प्रसाद 6. उपलब्ध

19

सारा क़र्ज़े-हुनर[1] चुका दिया है
लफ़्ज़ को रास्ता बना दिया है

बेख़याली में जिसको पाया था
ढूँढने में उसे गँवा दिया है

एहतियाते – फ़सीलो – दर[2] कैसी
जब किराया मकान का दिया है

रुक गये हैं जहाँ से रोका गया
लग गये हैं जहाँ लगा दिया है

रुत बदलने की देर थी 'अज़हर'
धूप ने छाँव का मज़ा दिया है

---

1. शिल्प का ऋण 2. द्वार और दीवार की सावधानी

20

मुहब्बतों में नये तर्ज़े-इंतिक़ाम[1] की शाम
किसी के साथ गुज़ारी किसी के नाम की शाम

इज़ाला[2] हो गया ताख़ीर[3] से निकलने का
गुज़र गयी है सफ़र में मिरे क़याम[4] की शाम

न कोई ख़्वाब दिखाया न कोई अह्द[5] किया
बदन उधार लिया भी तो उससे शाम की शाम

मुसाफ़िरों के लिए दश्त[6] क्या सराय भी क्या
हमें तो एक सी लगती है हर मुक़ाम की शाम

मिटायेगी मिरी तकमील[7] की सहर[8] मुझको
बना रही है मुझे मेरे इन्हेदाम[9] की शाम

---

1. प्रतिशोध का ढंग 2. क्षतिपूर्ति 3. विलम्ब 4. ठहरने 5. वादा 6. बियाबान 7. पूर्णता 8. भोर 9. ध्वंस

21

जो ख़ुशी जो तेरी रज़ा[1] मियाँ तेरी ख़ैर[2] हो
तू बिछड़ रहा है तो जा मियाँ तेरी ख़ैर हो

ख़बर आ नहीं रही ख़ैर की किसी सिम्त[3] से
मुझे जब से उसने कहा मियाँ तेरी ख़ैर हो

कहीं ये न हो कोई तुझ शजर[4] को भी काट दे
तू बचा है घर में बड़ा मियाँ तेरी ख़ैर हो

मुझे मत बता कि ये रात भर नहीं आएगी
मुझे धोका दे के सुला मियाँ तेरी ख़ैर हो

तिरी बज़्म[5] में मिरा यूँ भी कौन है आशना[6]
भले जूतियों पे बिठा मियाँ तेरी ख़ैर हो

तू अदू[7] नहीं तू मिरे हिसाब में दोस्त है
तिरे नाम से मुझे क्या मियाँ तेरी ख़ैर हो

---

1. इच्छा 2. ये दुआ है, सौभाग्य बना रहे का अर्थ है 3. दिशा 4. पेड़ 5. सभा 6. परिचित
7. प्रतिद्वन्द्वी, शत्रु

22

तँगी-ए-रिज़्क़[1] से हल्कान[2] रखा जाएगा क्या
दो घरों का मुझे मेहमान रखा जाएगा क्या

तुझे खोकर तो तिरी फ़िक्र[3] बहुत जायज़[4] है
तुझे पाकर भी तिरा ध्यान रखा जाएगा क्या

किस भरोसे पे अज़ीयत[5] का सफ़र जारी है
दूसरा मरहला[6] आसान रखा जाएगा क्या

ख़ौफ़[7] के ज़ेरे-असर[8] ताज़ा हवा आएगी
अब दरीचे पे भी दरबान रखा जाएगा क्या

दूर का शजरा[9] दिखाने के लिए मक़्तल[10] में
साथ ख़ंजर के नमकदान रखा जाएगा क्या

चल तिरा मान रखा मैंने तक़ाज़ा छोड़ा
चुप रहूँगा तो मिरा मान रखा जाएगा क्या

---

1. खाने की कमी 2. खिन्न 3. चिन्ता 4. उपयुक्त 5. पीड़ा 6. पड़ाव 7. भय 8. प्रभाव में
9. वंशावली 10. वध-स्थल

23

बाग़ से झूले उतर गये
सुन्दर चेहरे उतर गये

वस्ल[1] के एक ही झोंके में
कान से बाले उतर गये

घर में किसका पाँव पड़ा
छत से जाले उतर गये

लटक गये दीवार से हम
सीढ़ी वाले उतर गये

भागों वाली बस्ती थी
जहाँ परिन्दे उतर गये

गाड़ी फिर भी रवाँ रही
हम पैड़ी से उतर गये

भेंट चढ़े तुम उजलत[2] की
पेड़ से कच्चे उतर गये

डोल वहीं पर पड़ा रहा
चाह[3] में प्यासे उतर गये

---

1. मिलन 2. शीघ्रता 3. कुआँ

24

ऐसी ख़ुशक़िस्मती[1] का क्या कीजे
तू नहीं तो किसी का क्या कीजे

हाथ पत्थर से हो गये मानूस[2]
शौक़े-कूज़ागरी[3] का क्या कीजे

अब तो इक़रार[4] भी नहीं दरकार
अब तिरी ख़ामुशी का क्या कीजे

मेरा शौक़े-तलब[5] ही इतना है
तेरी दरियादिली का क्या कीजे

कुछ नहीं दे रहा सुझाई हमें
इस क़दर रौशनी का क्या कीजे

---

1. सौभाग्य 2. अभ्यस्त 3. मिट्टी के प्याले बनाने की अभिरुचि 4. स्वीकार 5. माँग की अभिरुचि

25

कोई सिलसिला नहीं जाविदाँ[1] तिरे साथ भी तिरे बाद भी
मैं तो हर तरह से हूँ रायगाँ[2] तिरे साथ भी तिरे बाद भी

मिरे हमनफ़स[3] तू चिराग़ था तुझे क्या ख़बर मेरे हाल की
कि जिया मैं कैसे धुआँ-धुआँ तिरे साथ भी तिरे बाद भी

न तिरा विसाल[4] विसाल था न तिरी जुदाई जुदाई है
वही हालते-दिले-बदगुमाँ[5] तिरे साथ भी तिरे बाद भी

मैं ये चाहता हूँ कि उम्र भर रहे तिश्नगी[6] मिरे इश्क़ में
कोई जुस्तजू[7] रहे दरमियाँ तिरे साथ भी तिरे बाद भी

मिरे नक़्शे-पा[8] तुझे देखकर ये जो चल रहे हैं उन्हें बता
है मिरा सुराग़ मिरा निशाँ तिरे साथ भी तिरे बाद भी

---

1. स्थाई 2. व्यर्थ 3. साथ साँस लेने वाले 4. मिलन 5. कुपित हृदय की स्थिति 6. प्यास
7. खोज 8. पैर के चिह्न

26

कोशिशें कर के दिल बुरा किया था
उस परिंदे को जब रिहा किया था

हमसे सरज़द[1] हुआ था कारे-ख़ैर[2]
क्या बताएँ कि हमने क्या किया था

मैंने इक दिन बिठा के बच्चों को
अपने अजदाद[3] का गिला किया था

कम अज़ीयत[4] में जान छूट गयी
अपने क़ातिल से मशवरा किया था

ख़ाक[5] से जितना ज़हर जज़्ब[6] किया
अपनी शाख़ों से रूनुमा[7] किया था

वैसे वो मेरी दस्तरस[8] में था
एहतियातन[9] महासरा[10] किया था

---

1. निर्मित 2. दूसरों की भलाई का कार्य 3. पूर्वजों 4. पीड़ा, कष्ट 5. मिट्टी 6. सोखा 7. प्रकट
8. हाथ में 9. सावधानी के कारण 10. आक्रमण

27

इसलिए मुझको मयस्सर[1] तू कहीं भी नहीं है
ख़्वाब तो ख़्वाब हक़ीक़त का भी यक़ीं नहीं है

हम तो दरिया को भी मुजरिम नहीं ठहरा सकते
डूबने वाला किनारे के क़रीं[2] भी नहीं है

हाय उस शख़्स का ईमान[3] कि क़ाफ़िर[4] कर दे
बदअक़ीदा[5] भी है और मुन्किरे-दीं[6] भी नहीं है

कीजिए कैसे भला उसके तग़ाफ़ुल[7] का मलाल[8]
हुस्ने-इन्कार[9] तो ये है कि नहीं भी नहीं है

तुम तो कहते थे कि अफ़लाक[10] कुशादा[11] होंगे
पाँव धरने को यहाँ पर तो ज़मीं भी नहीं है

---

1. उपलब्ध 2. निकट 3. मज़हब पर दृढ़ विश्वास 4. अविश्वासी 5. बुरी आस्था वाला 6. दीन से इन्कार करने वाला 7. अवहेलना 8. दुख 9. अस्वीकार का सौंदर्य 10. आकाश 11. विस्तृत

28

हर शीशे का डर है भय्या
बच्चों वाला घर है भय्या

ऐनक का वावैला[1] करना
ठोकर से बेहतर है भय्या

बस तुम अपने ख़्वाब समेटो
जिसका भी बिस्तर है भय्या

भाभी के कंगन थोड़ी हैं
बहनों का ज़ेवर है भय्या

मैं जो तुमको ख़ुश दिखता हूँ
पर्दे की झालर है भय्या

आधा-आधा रो लेते हैं
एक टिशू पेपर है भय्या

---

1. हंगामा

29

यही नहीं कि ये ताबीर[1] का मुआमला[2] है
हमारे ख़्वाब की तौक़ीर[3] का मुआमला है

उसे भी उसके मसाइल[4] ने रोक रक्खा है
हमारे साथ भी तक़दीर का मुआमला है

करे तो कैसे करे भाई-भाई को तस्लीम[5]
ये ख़ून का नहीं जागीर का मुआमला है

तुम्हारी ज़ात[6] के मलबे का क्या करूँगा मैं
जहाँ तलक मिरी तामीर[7] का मुआमला है

मआसिरीने – ग़ज़ल[8] से मुआफ़ी चाहता हूँ
ये हुरमते – हुनरे – मीर[9] का मुआमला है

---

1. परिणाम 2. विषय 3. प्रतिष्ठा 4. समस्याओं 5. स्वीकार 6. अस्तित्व 7. निर्माण 8. ग़ज़ल के समकालीनों 9. मीर तक़ी मीर की कला का सम्मान

30

क्या कुछ नहीं था बस में मगर दिल नहीं किया
खोने के ख़ौफ़ से उसे हासिल नहीं किया

महसूस कर लिया था भँवर की थकान को
यूँ ही तो ख़ुद को रक़्स[1] पे माइल[2] नहीं किया

ख़ुद पर हराम समझा समर[3] के हुसूल[4] को
जब तक शजर[5] को छाँव के क़ाबिल नहीं किया

छू कर वो ख़ालो-ख़द[6] गये कूज़ागरी[7] को हम
तासीरे-लम्से-यार[8] को ज़ाइल[9] नहीं किया

जागे हुओं से बढ़कर हमें बाख़बर[10] समझ
हमको हमारी नींद ने ग़ाफ़िल[11] नहीं किया

---

1. नृत्य 2. आकर्षित 3. फल 4. प्राप्ति 5. पेड़ 6. रूप, शरीर के कटाव 7. मिट्टी का प्याला बनाना (निर्माण का रूपक है) 8. प्रेमी के स्पर्श का प्रभाव 9. नष्ट 10. सावधान 11. असावधान

31

तरमीमे-ख़ालो-ख़द[1] का वसीला[2] नहीं रहा
कूज़ा[3] उतर के चाक से गीला नहीं रहा

साये को रोने वाले मुसाफ़िर को क्या ख़बर
फल भी अब उस शजर[4] का रसीला नहीं रहा

अब तो हमारे नाम से पहचानिए हमें
अब तो हमारा कोई क़बीला नहीं रहा

आबाद कर दिया है बगूलों ने दश्त[5] को
अब रहगुज़र में कोई भी टीला नहीं रहा

नोकीले पत्थरों पे ज़वाल[6] आ गया 'फ़राग़'
आहँग[7] आबजू[8] का सुरीला नहीं रहा

---

1. गाल और त्वचा में परिवर्तन 2. माध्यम 3. प्याला 4. पेड़ 5. बियाबान 6. पतन 7. गान 8. जल स्रोत

32

तिरी फ़ज़ीलत[1] को इसलिए भी मिरे हवाले[2] से जाना जाये
दिया ज़रूरी है पहले-पहले जलाने वाले से जाना जाये

बहुत ग़नीमत हैं हमसे मिलने कभी-कभी के ये आने वाले
वगरना अपना तो शह्‌र भर में मकान ताले से जाना जाये

शजर[3] से मैंने जो शाख़ काटी शजर बनाने की ठान ली है
मिरी ख़ता[4] को ख़ुदारा[5] अब तो मिरे इज़ाले[6] से जाना जाये

यही तो दरिया को तर्क[7] करके यहाँ तक आने में मसलहत[8] है
कि मेरे हिस्से की तिश्नगी[9] को तिरे पियाले से जाना जाये

बड़ी अज़ीयत[10] के बाद आता है आशनाई[11] का ये क़रीना[12]
जो ख़ार[13] रस्ते में आए उसको उसी के छाले से जाना जाये

बसारतों को[14] बसीरतों[15] की सनद[16] नवाज़ी[17] गई है 'अज़हर'
यही न हो शहरे-कमनज़र[18] में सफ़ेद काले से जाना जाये

---

1. ऊँचाई, महानता 2. द्वारा 3. पेड़ 4. गलती 5. ख़ुदा के लिये 6. प्रायश्चित 7. त्याग कर 8. अपने लाभ-हानि का ध्यान रख कर कार्य करना 9. प्यास 10. कष्ट 11. प्रेम 12. सलीक़ा 13. काँटा 14. दृष्टियों 15. प्रतिभा, बुद्धिमत्ता 16. प्रमाण 17. कृपा 18. संकीर्ण दृष्टि वाला शहर

33

तिरे बाद कोई भी ग़म असर नहीं कर सका
कोई सानिहा[1] मेरी आँख तर नहीं कर सका

मुझे इल्म[2] था मुझे कम पड़ेगी ये रौशनी
सो मैं इन्हिसार[3] चिराग़ पर नहीं कर सका

मुझे झूठ के वो जवाज़[4] पेश किये गये
किसी बात पे मैं अगर-मगर नहीं कर सका

मिरे आसपास की मुफ़लिसी[5] मिरी माज़रत[6]
तिरा इन्तिज़ाम मैं अपने घर नहीं कर सका

कई पैकरों[7] को मिरे ख़याल ने शक्ल दी
जिन्हें रूनुमा[8] मिरा कूज़ागर[9] नहीं कर सका

मुझे चाल चलने में देर हो गयी और मैं
कोई एक मुहरा इधर-उधर नहीं कर सका

---

1. दुर्घटना 2. ज्ञान 3. निर्भरता 4. औचित्य 5. निर्धनता 6. क्षमा 7. स्वरूपों 8. प्रकट
9. कुम्हार, बनाने वाला

34

मसालिहत[1] से ये क़िस्सा निबट भी सकता है
लिबास सुल्ह कराने में फट भी सकता है

तुम अपने कर्ब[2] का इज़हार[3] कर भी सकती हो
कि प्याज़ काट के ये वक़्त कट भी सकता है

तू जिस की फ़त्ह के नारे लगाना चाहता है
ख़िराज[4] ले के वो लश्कर पलट भी सकता है

है इख़्तियार[5] में थोड़ी गुनाहे-आलमे-वज्द[6]
किसी से आदमी जाकर लिपट भी सकता है

अगर तुम्हें कोई ख़तरा नहीं है जंगल में
ये ख़ेमा[7] हस्बे-ज़रूरत[8] सिमट भी सकता है

---

1. अपने हित-अहित को सोच कर कार्य करना 2. दुख 3. प्रकटन 4. लगान 5. नियन्त्रण 6. मस्ती का गुनाह 7. टैन्ट 8. आवश्यकतानुसार

35

सबको थोड़ी मिरा यक़ीं आया
कोई आया कोई नहीं आया

नई गुंजाइशे-सुकूँ[1] निकली
सोफ़ा दीवार के क़रीं[2] आया

आ गई नींद मुझको सिजदे में
गाल तक हल्क़ा-ए-जबीं[3] आया

रेत उड़ती हुई कहीं पहुँची
पानी रिसता हुआ कहीं आया

ख़ुश थे उसकी ख़ुशी में हम 'अज़हर'
फिर ख़याले-दिले-हज़ीं[4] आया

---

1. चैन का अतिरिक्त स्थान 2. निकट 3. माथे का घेरा 4. दुखी हृदय का ध्यान

36

एक तरफ़ तक़सीम[1] इज़ाफी[2] हो सकती है
माँ से भी तो नाइंसाफ़ी हो सकती है

मिरी नुमू[3] है तिरे तग़ाफुल[4] से वाबस्ता[5]
कम बारिश भी मुझको काफ़ी हो सकती है

इन फूलों की पत्ती-पत्ती जहरीली है
लेकिन इनकी ख़ुशबू शाफ़ी[6] हो सकती है

सदियों से साहिल[7] पे रक्खा मैं खाली कूज़ा[8]
भरने से भी कहाँ तलाफ़ी[9] हो सकती है

इस पेचीदा रिश्ते में आसानी ये है
हस्बे-ज़रूरत[10] वादाख़िलाफ़ी[11] हो सकती है

---

1. विभाजन, काटना 2. अतिरिक्त 3. उगने 4. अवहेलना 5. सम्बन्धित 6. शिफ़ा देने वाली, रोग मुक्त करने वाली 7. किनारे 8. प्याला 9. क्षतिपूर्ति 10. आवश्यकतानुसार 11. वचन-भंग

37

ठहरना भी मिरा जाना शुमार[1] होने लगा
पड़े-पड़े मैं पुराना शुमार होने लगा

बहुत से साँप थे उस ग़ार[2] के दहाने पर
दिल इसलिए भी ख़ज़ाना शुमार होने लगा

हुजूम सारा रिहा कर दिया गया लेकिन
मिरा ही शोर मचाना शुमार होने लगा

फिर ऐसे हाथ से मानूस[3] हो गयी तस्बीह[4]
गिने बग़ैर भी दाना शुमार होने लगा

वो संग[5] जिसको हिक़ारत[6] से रात भर देखा
सहर हुई तो सिराना[7] शुमार होने लगा

भला हो उनका जो मुझको तिरा समझते हैं
मिरा भी कोई ठिकाना शुमार होने लगा

---

1. गिना जाना, स्वीकार्य होना 2. गहरा गड्ढा 3. अभ्यस्त 4. जप-माला 5. पत्थर 6. घृणा
7. सिरहाने को मीर तक़ी मीर ने सिराना बाँधा और सिरहाना शब्द सिराना व्यवहृत हो गया

38

डरे हुए हैं सभी लोग अब्र[1] छाने से
वो आये बाम[2] पे क्या धूप के बहाने से

वो क़िस्सागो तो बहुत जल्दबाज़ आदमी था
बहुत-सी लकड़ियाँ हम रह गये जलाने से

नज़र तो डाल रवानी[3] की इस्तक़ामत[4] पर
ये आबशार[5] है कुहसार[6] के घराने से

मुसाफ़िराने-मुहब्बत[7] मुझे मुआफ़ करें
मैं बाज़ आया नहीं रास्ता दिखाने से

अगर मैं आख़िरी बाज़ी न खेलता 'अज़हर'
तो ख़ाली हाथ न आता क़िमारख़ाने[8] से

---

1. बादल 2. छत 3. बहाव 4. चौड़ेपन, फैलाव 5. झरना 6. पहाड़ 7. प्रेम के यात्री 8. जुआघर

39

फ़िक्रो-जुनूँ[1] की बहस हो या हर्फ़े-नाक़दराना[2] हो
ग़ालिब को रद तो वो करे पहले जो ख़ुद यगाना[3] हो

मुझ से सुबक-ख़िराम[4] का होना है हमसफ़र तुझे
चलना है मेरे साथ तो यूँ कर कि तू रवाना हो

आराइशे-ए-ख़याल[5] की ख़ूबी यही तज़ाद[6] है
कुछ-कुछ बहुत जदीद[7] हो कुछ-कुछ बहुत पुराना हो

अपनी उड़ाई ख़ाक को यकजा[8] करूँगा चाक पर
मुमकिन है अर्ज़े-इश्क़[9] से तदबीरे-आबो-दाना[10] हो

पेशावराने-ए-इश्क़ो-शौक़[11] कीजे न वक़्त रायगाँ[12]
ऐसा खंडर नहीं हूँ मैं जिस में कोई ख़ज़ाना हो

---

1. चिन्तन और उन्माद 2. व्यर्थ अक्षर 3. यास यगाना चंगेज़ी जो बड़े शायर थे और ग़ालिब के विरोध में स्वयं को ग़ालिब-शिकन कहते, कहलवाते थे। 4. धीमी गति से चलने वाले 5. विचार प्रकटन 6. विरोधाभास 7. नवीन 8. एकत्र 9. प्रेम-निवेदन 10. खाने-पीने की कोशिश 11. प्रेम के पेशेवरो 12. नष्ट

40

ये भी मौसम की कोई साज़िश[1] न हो
अब्र[2] हो लेकिन यहाँ बारिश न हो

इस क़दर भी चाहना क्या चाहना
इश्क़ शिद्दत[3] से हो और ख़्वाहिश न हो

ऐसी ग़ुरबत[4] को ख़ुदा ग़ारत[5] करे
फूल भिजवाने की गुंजाइश न हो

तुम तो यूँ ज़िद पर उतर आये हो आज
आख़िरी ख़्वाहिश हो फ़रमाइश न हो

गुल को ख़ुश्बू से अगर नापा गया
उम्र भर मुमकिन है पैमाइश न हो

---

1. षड्यंत्र 2. बादल 3. प्रखरता 4. निर्धनता 5. नष्ट

41

हमारी तरह मुहब्बत का फ़लसफ़ा[1] समझे
नये से कौन पुराने को देरपा[2] समझे

उसे कहो जो बुलाता है गहरे पानी में
किनारे से बँधी किश्ती का मसअला समझे

हमारा क्या है हमें तो फ़रार चाहिए था
दराड़ थी जिसे हम बाबे-नीमवा[3] समझे

मुझे पता है कि किस दर को खटखटाना है
मिरी तलब[4] को ज़माना मिरी अता[5] समझे

बिछड़ने पर मुझे मजबूर कर दिया गया था
ये और बात कोई इसको फ़ैसला समझे

---

1. दर्शन, चिन्तन 2. विलम्ब से 3. आधा खुला द्वार 4. इच्छा 5. कृपा

42

सर पे रक्खी हुई दस्तार किसी और की थी
अस्ल में हार मिरी हार किसी और की थी

हम तो बस उसमें सुकूनत[1] के गुनाहगार रहे
दर किसी और का दीवार किसी और की थी

हम को हासिल था तो बस पेड़ का साया कुछ देर
पेड़ पर शाख़े-समरबार[2] किसी और की थी

मैं नबर्दआज़मा[3] ख़ुद से था बहुत पहले से
राय लेकिन मुझे दरकार किसी और की थी

दस्तयाबी[4] के सभी मरहले[5] तय करके भी
ज़िन्दगी फिर भी तलबगार[6] किसी और की थी

---

1. निवास 2. फलदार डाली 3. युद्धरत 4. उपलब्धि 5. पड़ाव 6. इच्छुक

43

हमारे बारे में तुझ भँवर को मुग़ालता[1] है
हमें किसी की उदास आँखों का तजरुबा है

घुटन तो होगी नई-नई राहदारियों[2] में
मगर हवेली का एक कमरा बहुत खुला है

रवा-रवी[3] में कहानी सुनते चले गये हैं
ये बात वैसे सुनाने वाला भी जानता है

हवा तो आती है ख़ुश्क शाख़ों से छनके लेकिन
शजर[4] ज़ईफ़ी[5] के मारे मुझ पर झुका हुआ है

बताना पड़ता है उसकी आँखों पे हाथ रख कर
कि कितना मुश्किल हमारी आँखों से देखना है

तो क्या हुआ जो हमें भी दरपेश[6] है मुसाफ़त[7]
ये नाव यूँ भी समन्दरों की मुलाज़िमा[8] है

---

1. भ्रम 2. गलियारों 3. आपाधापी 4. वृक्ष 5. वृद्धावस्था 6. प्रत्यक्ष 7. यात्रा 8. सेविका, बाँदी

44

मुड़ के तकते नहीं पतवार को लोग
ऐसे जाते हैं नदी पार को लोग

साये का शुक्र अदा करना था
सजदा करते रहे दीवार को लोग

मैं तो मंज़िल की तरफ़ देखता हूँ
देखते हैं मिरी रफ़्तार को लोग

आइना मेरे मुक़ाबिल[1] लाये
ख़ूब समझे मिरे मेयार[2] को लोग

नाम लिखते हैं किसी का लेकिन
दु:ख बताते नहीं अशजार[3] को लोग

---

1. सामने 2. स्तर 3. वृक्षों

45

इसीलिए तिरे दावों पे मुस्कुरा रहे हैं
हम अपना हाथ तिरी पुश्त[1] से उठा रहे हैं

बस अपनी ख़ुशनज़री[2] का भरम रखा हुआ है
शिकस्ता[3] आइने तरतीब[4] से लगा रहे हैं

वो ख़ुद कहाँ है जो नग़मासरा[5] है सदियों से
ये कौन हैं जो फ़क़त अपने लब[6] हिला रहे हैं

हुए हैं देर से हमवार[7] ज़िन्दगी के लिए
ज़रूर हम किसी लश्कर[8] का रास्ता रहे हैं

अभी किसी की ख़ुशी में शरीक होना है
अभी किसी के जनाज़े से होके आ रहे हैं

---

1. पीठ 2. अच्छी दृष्टि 3. टूटे 4. क्रमानुसार 5. गीत गाना 6. होंठ 7. समतल 8. सेना

46

बता रहा है झटकना तिरी कलाई का
ज़रा भी रन्ज[1] नहीं है तुझे जुदाई का

और एक हम हैं कि हमवार[2] कर रहे हैं ज़मीं
ज़माना आ भी चुका फ़स्ल की कटाई का

तिरी तलब[3] के क़रीने को दाद देता हूँ
गुमान[4] मेरी सख़ावत[5] पे है गदाई[6] का

मैं ज़िन्दगी को खुले दिल से ख़र्च करता था
हिसाब देना पड़ा मुझको पाई-पाई का

किसी के घर में गिरे गेंद की तरह 'अज़हर'
अता हुआ है हमें सिलसिला रसाई[7] का

---

1. दुख 2. समतल 3. माँग 4. भ्रम 5. उदारता 6. भीख माँगना 7. पहुँच

47

धूप में साया बने तन्हा खड़े होते हैं
बड़े लोगों के ख़सारे[1] भी बड़े होते हैं

एक ही वक़्त में प्यासे भी हैं सैराब[2] भी हैं
हम जो सहराओं[3] की मिट्टी के घड़े होते हैं

ये जो रहते हैं बहुत मौज[4] में शब[5] भर हम लोग
सुब्ह होते ही किनारे पे पड़े होते हैं

हिज्रे-दीवार[6] का आज़ार[7] अलग अपनी जगह
उसके ऊपर भी कई काँच जड़े होते हैं

आँख खुलते ही जबीं[8] चूमने आ जाते हैं
हम अगर ख़्वाब में भी तुमसे लड़े होते हैं

है मलाल ऐसे हमें बाग़ की वीरानी का
जैसे हम लोग दरख़्तों से झड़े होते हैं

---

1. घाटे 2. आप्लावित 3. मरुस्थलों 4. उमंग 5. रात 6. दीवार के वियोग 7. रोग 8. माथा

48

कमी है कौन सी घर में दिखाने लग गये हैं
चराग़ और अँधेरा बढ़ाने लग गये हैं

ये ऐतमाद[1] भी मेरा दिया हुआ है तुझे
जो मेरे मशवरे बेकार जाने लग गये हैं

फ़ज़ा[2] बदल गयी अन्दर से हम परिंदों की
जो बोल तक नहीं सकते थे गाने लग गये हैं

वो पहले तन्हा ख़ज़ाने के ख़्वाब देखता था
अब अपने हाथ भी नक़्शे पुराने लग गये हैं

नहीं बईद[3] कि जंगल में शाम पड़ जाये
हम एक पेड़ को रस्ता बताने लग गये हैं

कहीं हमारा तलातुम[4] थमे तो फ़ैसला हो
हम अपनी मौज[5] में क्या-क्या बहाने लग गये हैं

---

1. भरोसा 2. वातावरण 3. दूर 4. बाढ़ 5. उमंग

49

बहुत ही महँगी मुझे अपनी ज़िन्दगानी पड़ी
वो इसलिए कि तिरे हिज्र[1] में बितानी पड़ी

कुछ इतना सहल[2] न था रौशनी से भर जाना
नज़र दिये पे बड़ी देर तक जमानी पड़ी

ख़तों को खोलती दीमक का शुक्रिया वरना
तड़प रही थी लिफ़ाफ़ों में बेज़बानी पड़ी

मिरी अना[3] के तक़ाज़े[4] न हो सके पूरे
मैं सर उठा के चला तो नज़र झुकानी पड़ी

पुराने ग़म पे नयी मय[5] है बेअसर 'अज़हर'
कहीं से ढूँढ के लाओ कोई पुरानी पड़ी

---

1. वियोग 2. सरल 3. घमंड, अभिमान 4. माँग 5. शराब

50

चाहे आग़ाज़[1] अब अंजाम से करना पड़ जाय
जी उठें हमको अगर आप पे मरना पड़ जाय

भीगे बालों को संभाल और निकल जंगल से
इससे पहले कि तिरे पाँव ये झरना पड़ जाय

कट के जीना है तिरी ज़ात से ऐसे जैसे
ख़ुद-बख़ुद[2] होते हुए काम को करना पड़ जाय

कुछ ठहरता नहीं इस टूटे हुए बर्तन में
दिल दुबारा न कहीं चाक पे धरना पड़ जाय

कितना मुश्किल है अगर कू-ए-मुहब्बत[3] से मुझे
कारे-दुनिया[4] के इरादे से गुज़रना पड़ जाय

---

1. प्रारंभ 2. अपने आप 3. प्रेम क्षेत्र 4. सांसारिक कार्य

51

इसी मन्ज़र को फिर दुबारा बना
झील के वस्त[1] में किनारा बना

छाँव का हक़ अदा किया मैंने
गिरती दीवार का सहारा बना

हम अभी मुम्किनात[2] सोचते हैं
देखते – देखते नज़ारा बना

एक छतरी की छाँव में बैठे
कुछ हमारा न कुछ तुम्हारा बना

हम मुहब्बत समझ रहे थे जिसे
अपनी ख़ातिर कोई हमारा बना

आतिशे – नारसा[3] न याद रही
हाथ मलते हुए शरारा[4] बना

---

1. मध्य 2. सम्भावनायें 3. वह आग जो पा न सकें 4. चिंगारी

52

चेहरा फूलों की तरह ध्यान में रक्खा गया है
उसकी तस्वीर को गुलदान[1] में रक्खा गया है

इस ग़रज़ से कि मिरी वापसी मुम्किन हो जाए
एक तावीज़ भी सामान में रक्खा गया है

हुक्मे-इक़रारे-इताअत[2] है बहुत बाद की बात
कुफ़्र[3] पहले मिरे ईमान[4] में रक्खा गया है

मर गये जिसके भरोसे पे जरी, वो मरहम
ज़ख़्मियों के लिए मैदान में रक्खा गया है

रस्ता छोड़ा ही नहीं उसने कोई मेरे लिए
यानी पिंजरा मिरा ज़िन्दान[5] में रक्खा गया है

---

1. फ़्लावर पॉट 2. कृपाओं को स्वीकार करने का आदेश 3. अस्वीकार (अल्लाह/इस्लाम को न मानना—इसी अर्थ में) 4. इस्लाम पर दृढ़ विश्वास 5. बन्दीगृह

53

किस-किस से करके उसको ख़बरदार जाने दूँ
अंधे को कैसे तन्हा सड़क पार जाने दूँ

दफ़्तर से मिल नहीं रही छुट्टी वरगना मैं
बारिश की एक बूँद न बेकार जाने दूँ

जी चाहता है खोल दूं अन्दर से कुंडियाँ
वीरानी सू – ए – रौनक़े – बाज़ार[1] जाने दूँ

उस रस्साकश पे ढील का अहसान कुछ नहीं
कब तक मैं दरगुज़र[2] करूँ हर बार जाने दूँ

---

1. बाज़ार की जगमग 2. अवहेलना

54

क्यों न बेफ़िक्र होके सोया जाय
अब बचा क्या है जिसको खोया जाय

एक फ़ेहरिस्ते-रफ़्तगाँ[1] है मियां
रोया जाए तो किसपे रोया जाय

इस्तिफ़ादा[2] उक़ब[3] के पानी से
और मुँह आइने से धोया जाय

मैं तो ख़ुद से फ़रार चाहता हूँ
ख़ुद में तुझको कहाँ समोया जाय

कोई तो नाम हो तअल्लुक़ का
किस हवाले से बोझ ढोया जाय

हम ज़रूरी नहीं समझते 'फ़राग़'
इश्क़ तस्बीह[4] में पिरोया जाय

---

1. अतीत की सूची 2. लाभान्वित होना 3. पीछे 4. जप-माला

55

सोचा है क्या मुआवज़ा[1] साये का आपने
कह तो दिया शजर[2] को किराये का आपने

लगता है वापसी का इरादा नहीं रहा
नक़्शा बदल दिया है सराये का आपने

अपनी जगह बजा है कहानी का इख़्तिताम[3]
मतलब ग़लत किया है किनाये[4] का आपने

शाही[5] नहीं है मंसबे-साक़ी[6] है ये जनाब
रक्खा है ़फ़र्क़ अपने-पराये का आपने

अहमक़[7] लगे हुए हैं अबस[8] भाग-दौड़ में
दामन भरा है बैठे-बिठाये का आपने

---

1. क्षतिपूर्ति का धन 2. पेड़ 3. समापन 4. संकेत 5. राजसी 6. शराब पिलाने वाले का स्तर
7. मूर्ख 8. व्यर्थ, अकारण

56

उठ गया रिज़्क़[1] लामकां[2] से भी
अब चला जाय क्या यहाँ से भी

होने वाला नहीं ये क़िस्सा तमाम
मोड़ दीजे वरक़[3] जहाँ से भी

फूल तीरों की ज़द[4] से बच निकला
ख़ुशबू आने लगी कमाँ से भी

शक्ले-आइन्दगाँ[5] बना रहे हैं
मश्वरा होगा रफ़्तगाँ[6] से भी

जाँनिसारों को पूछना ही पड़ा
कुमुक आयेगी आसमाँ से भी

इतना मासूम भी नहीं है वो
देने पड़ते हैं उसको झांसे भी

---

1. अन्न 2. जो घर न हो, अल्लाह की जगह 3. पृष्ठ 4. मार-क्षेत्र 5. भविष्य का स्वरूप 6. अतीत

57

कितना कहते थे तुझे भाई समझ
आयी या अब भी नहीं आई समझ

पर-कुशाई[1] में बने होंगे सलीब[2]
इन परिंदों को न ईसाई समझ

खुले पिंजरे की सहूलत[3] पे न जा
मिरी ग़फ़लत[4] मिरी दानाई[5] समझ

शेर के लोग नहीं शोर के लोग
तू भले इसको पज़ीराई[6] समझ

चाहे मत कर मुझे अपनों में शुमार
अपनी तन्हाई को तन्हाई समझ

उम्र मत पूछ कुएँ की 'अज़हर'
छू के कूज़ों[7] पे जमी काई समझ

---

1. पर फैलाना 2. क्रॉस 3. सरलता 4. भूल 5. बुद्धिमत्ता 6. प्रशंसा, सराहना 7. प्यालों

58

मिल गया तो मुझे मेरा नहीं रहने देगा
वो समन्दर मुझे क़तरा नहीं रहने देगा

उसको शक है कि भंवर से हैं मरासिम[1] मेरे
अब वो पानी ये सफ़ीना[2] नहीं रहने देगा

मुझको मालूम था आसानी से खुलता हुआ दर[3]
वापसी के लिए रस्ता नहीं रहने देगा

लम्हा[4] भर कारे-जहाँ[5] बिछड़े हुए यारों को
जोड़ भी देगा तो यकजा[6] नहीं रहने देगा

हस्बे-साहिल[7] कहीं मौजूद न होना मेरा
सबका होकर भी किसी का नहीं रहने देगा

तू जो हक़ में मिरे तलवार बना फिरता है
रहने भी देगा मुझे या नहीं रहने देगा

---

1. सम्बन्ध 2. बड़ी नाव 3. द्वार 4. क्षण 5. सांसारिक कार्य 6. एक जगह 7. किनारे के अनुसार

59

उस लब की ख़मोशी के सबब[1] टूटता हूँ मैं
दस्ते-दुआ में रक्खा हुआ आइना हूँ मैं

अब जाके हो सकेगी मुहब्बत वसूक़[2] से
ख़ुद से बिछड़ते वक़्त किसी से मिला हूँ मैं

आबाद है ख़ज़ाने की अफ़वाह से वजूद[3]
मतरूक[4] जंगलों का कोई रास्ता हूँ मैं

दस्तार[5] काग़ज़ी हैं फ़ज़ीलत[6] है नाम की
छोटों की मेहरबानी से घर में बड़ा हूँ मैं

रोकर न सोया जाय तो क्या नींद का जवाज़[7]
बिस्तर की हर शिकन में पड़ा जागता हूँ मैं

हूँ अपनी रौशनी की अज़ीयत[8] में मुब्तला[9]
जलता हुआ चराग़ हूँ उल्टा पड़ा हूँ मैं

---

1. कारण 2. भरोसे 3. अस्तित्व 4. त्यागे हुए 5. पगड़ी 6. बड़प्पन 7. औचित्य 8. यातना 9. संलिप्त

60

वो जो इक शख़्स था इक ज़ात थी वैसे नहीं थी
ख़्वाब में उससे मुलाक़ात थी वैसे नहीं थी

मैंने ताख़ीर[1] को तदबीर[2] बना रक्खा था
चाल चलते ही मिरी मात थी वैसे नहीं थी

सब मिरे हुस्ने-तख़य्युल[3] का बनाया हुआ था
ज़िन्दगी हस्बे-ख़यालात[4] थी वैसे नहीं थी

मिरा रोना कोई अश्कों का दिखावा नहीं था
अन्दर-अन्दर कोई बरसात थी वैसे नहीं थी

किसी भी चीज़ को छूने की इजाज़त न मिली
नज़र आता था कि बहुतात[5] थी वैसे नहीं थी

मुझको मतलूब[6] मयस्सर[7] के दुरूँ[8] रहना था
इक सख़ावत[9] पसे-ख़ैरात[10] थी वैसे नहीं थी

---

1. विलम्ब 2. उपाय 3. चिन्तन-सौंदर्य 4. विचारों के अनुसार 5. आधिक्य 6. इच्छित 7. उपलब्धि
8. अन्दर 9. उदारता 10. दान के बाद

61

नज़र की हद से निकलकर जमाल[1] देखना था
जो देखना था पसे-ख़द्दो-ख़ाल[2] देखना था

किसी को चाहना आसान हो गया होता
हमारी सामने रखकर मिसाल, देखना था

पड़े हुए थे जहाँ ढेरों-ढेर नज़राने
तिही भी था तो मिरा किसने थाल देखना था

तुम्हारे हिज्र[3] से दो-चार कौन था जो न था
हमारे देखने वालों का हाल देखना था

मुआमले जहाँ अपनी बक़ा[4] के थे दरपेश[5]
किसी ने ख़ाक हरामो-हलाल[6] देखना था

---

1. सौंदर्य 2. गाल और चमड़ी के पीछे 3. वियोग 4. जीवन 5. समक्ष 6. इस्लाम के अनुसार वर्जित और स्वीकृत

62

लोग अपना किया भुगत रहे हैं
हम किसी और का भुगत रहे हैं

आप रस्सी दराज़[1] की उस की
अब उसे जा-ब-जा[2] भुगत रहे हैं

मुख़बिरी थोड़ी कर रहे हैं तिरी
सिर्फ़ अपनी सज़ा भुगत रहे हैं

पानियों से दुआ-सलाम नहीं
नाव की बददुआ भुगत रहे हैं

रंजिशें और...और हैं लेकिन
एक ही मसअला भुगत रहे हैं

अव्वली[3] जंगलों के बासी हैं
हर नया ज़ायक़ा भुगत रहे हैं

वो भी इक़रार[4] करके फँस गया है
हम भी अपना कहा भुगत रहे हैं

---

1. लम्बी 2. स्थान-स्थान पर 3. प्रारम्भिक 4. स्वीकार

63

बफ़ैज़े-इश्क़-हर्फ़े-ऐन पर डटे रहे हैं हम
शुरूअ से शुरूअ ठीक बाँधते रहे हैं हम

बुझे-बुझे से इसलिए अजीब लग रहे हो तुम
बड़े क़रीब से ये आग तापते रहे हैं हम

जो फूल अपनी उम्र पूरी कर चुके वो रह गये
हवा की बाक़ियात[1] को समेटते रहे हैं हम

हमें है और दस्तरस[2] सनम-गरी[3] के काम पर
मुजस्समों[4] को पत्थरों में ढालते रहे हैं हम

गली में कोई था नहीं जो कहता जागते रहो
इसीलिए तमाम रात जागते रहे हैं हम

---

1. अवशेष 2. पकड़ 3. मूर्तिकला 4. मूर्तियों

64

इक जैसा बरताव कैसे कीजे सच और झूट के साथ
कोई क़तार में लग कर आया कोई पैराशूट के साथ

उसने भी कम वक़्त लगाया आज अपनी तैयारी में
मैं भी मैच नहीं कर पाया टाई उस के सूट के साथ

मेरा इश्क़ तो ख़ैर मिरी महरूमी[1] का परवरदा[2] था
क्या मालूम था वो भी देगा मेरा इतना टूट के साथ

होते-होते होगा वस्ल[3] हमारा पाक तकल्लुफ़ से
पैर अभी मानूस[4] नहीं है नये-नवेले बूट के साथ

हार और जीत की पूरी ज़िम्मेदारी लेनी पड़ती है
'अज़हर' इस चालाक से कोई कैसे खेले छूट के साथ

---

1. असफलता 2. पाला हुआ 3. मिलन 4. अभ्यस्त

65

हँसने-हँसाने पढ़ने-पढ़ाने की उम्र है
ये उम्र कब हमारे कमाने की उम्र है

ले आई छत पे क्यों मुझे बेवक़्त की घुटन
तेरी तो ख़ैर बाम[1] पे आने की उम्र है

तुझसे बिछड़ के भी तुझे मिलता रहूँगा मैं
मुझसे तवील[2] मेरे ज़माने[3] की उम्र है

औलाद की तरह है मुहब्बत का मुझपे हक़्क़
जब तक किसी का बोझ उठाने की उम्र है

ग़ुर्बत[4] को क्यों न मैं भी शरारत का नाम दूँ
दीवारो-दर पे फूल बनाने की उम्र है

कोई मुज़ाइक़ा[5] नहीं पीरी[6] के इश्क़ में
वैसे भी ये सवाब[7] कमाने की उम्र है

---

1. छत 2. लम्बी 3. काल 4. निर्धनता 5. आपत्ति, हरज 6. बुढ़ापे 7. पुण्य

66

वर्ना ज़ख़्मी कोई रहगीर[1] नहीं हो सकता
उस कमाँदार[2] का ये तीर नहीं हो सकता

सायादारी[3] की रिवायत[4] का अगर पास[5] रखें
फिर खजूरों का तो शहतीर नहीं हो सकता

दफ़्न हैं हाथ हमारे इसी मलबे में कहीं
ये ख़राबा[6] कभी तामीर[7] नहीं हो सकता

क्या सितम है कि बिछड़ कर तिरा फिर से मिलना
वज्हे - तब्दीली - ए - तक़दीर[8] नहीं हो सकता

ऐसी पैवस्त[9] हैं पैरों में ये कड़ियाँ कि 'फ़राग़'
कोई भी शामिले - जंजीर[10] नहीं हो सकता

---

1. यात्री 2. धनुर्धर 3. छाँव रखना 4. परम्परा 5. ध्यान, लिहाज 6. खंडहर 7. निर्माण 8. भाग्य परिवर्तन का कारण 9. सटी हुई 10. शृंखला में सम्मिलित

67

किसी-किसी की दिल में जगह बनाता हूँ
मेहमानों को बैठक में ठहराता हूँ

गये हुओं का दिल से जाना बाक़ी है
देखो कब क़ब्रों पर फूल चढ़ाता हूँ

फिर ढोता हूँ चाय हिदायतकारों[1] की
पहले सीन में गोली से मर जाता हूँ

ग़ज़ल नई पोशाक में ख़ुद आ जाती है
उस खूँटी पर मैं उतरन लटकाता हूँ

यानी अब भी सादा-दिल हूँ अंदर से
अच्छा चेहरा देख के धोका खाता हूँ

पड़ा है पाला इतने बुज़दिल लोगों से
मैं अपनी बेख़ौफ़ी[2] से घबराता हूँ

---

1. शिक्षा देने वालों 2. निर्भयता

68

यक़ीनन अज्र[1] से बेहतर मुआवज़ा[2] रहेगा
वगरना कौन ये नेकी सँभालता रहेगा

रिहाई की कोई तदबीर[3] वो करे न करे
हमारे हाथ सलाख़ों से चूमता रहेगा

अमीक़[4] कर लिए उसने गले क़मीज़ों के
इक-आध दिन ही कोई शख़्स पारसा[5] रहेगा

हमारे दरमियाँ लकड़ी की छत का रिश्ता है
नहीं भी राबता[6] होगा तो राबता रहेगा

वो तेरी चुप का असर हो कि डर अंधेरे का
मैं जितना बोलता जाऊँगा हौसला रहेगा

ख़ुदा कुशादा[7] करे रिज़्क़[8] माहीगीरों[9] का
हमारा जाल यूँ ही नाव में पड़ा रहेगा

---

1. प्रत्युपकार 2. मेहनताना 3. उपाय 4. गहरे 5. संयमी 6. सम्बन्ध 7. फैलाये, बढ़ाये 8. अन्न
9. मछुआरों

69

ये तो अब जाके जुनूँ[1] मैंने उतारा सर से
वर्ना दर[2] खोलना आता है मुझे ठोकर से

किस को मालूम कि हम कितने भरे बैठे हैं
किस ने देखा है चटानों का ख़ला[3] अंदर से

यक-ब-यक माँ की दुआओं ने क़दम रोक लिए
बद्दुआ बाप की लेकर ही चला था घर से

बाज़-औक़ात[4] ख़ुशी छू के गुज़र जाती है
रह भी जाती है कभी लॉटरी इक नंबर से

बेतकल्लुफ़[5] है बहुत मुझसे उदासी मेरी
मुस्कुराऊँ तो पकड़ती है मुझे कालर से

---

1. उन्माद 2. द्वार 3. रिक्त स्थान, निर्वात 4. कभी-कभी 5. निस्संकोची

70

कुछ तो आवाज़ से शक पड़ता है
फिर वो कंगन भी खनक पड़ता है

पहले करता है तलब[1] पहली नशिस्त[2]
फिर उसी बस से लटक पड़ता है

कैसे साहिल[3] से समुन्दर देखूँ
मेरे ज़ख़्मों पे नमक पड़ता पड़ता है

राज़दार एक कुआँ था अपना
आजकल वो भी छलक पड़ता है

छोटे-छोटे से हैं रिश्ते लेकिन
वास्ता क़ब्र तलक पड़ता है

अश्क[4] जैसे मिरा हमसाया हो
वक़्त-बेवक़्त टपक पड़ता है

कौन चिंगारी दिखाये उसको
मिस्ले-शमशीर[5] चमक पड़ता है

इसके साये में न रहना मिरे दोस्त
ये शजर[6] बीच सड़क पड़ता है

---

1. माँग, डिमांड 2. बैठक, आगे की सीट का संकेत है 3. किनारे 4. आँसू 5. तलवार की तरह
6. पेड़

71

बारहा[1] जिन पे ज़वाल[2] आता है
उन दरख़्तों का ख़याल आता है

मछलियाँ साथ कहाँ से लाऊँ
पूरी कश्ती में तो जाल आता है

शह आया हूँ कमाने के लिए
गाँव से रिज़्क़े-हलाल[3] आता है

नीले कर बैठता है अपने होंठ
सुख़ीं तालाब में डाल आता है

पीने जाना तो बहुत दूर की बात
मयकदा[4] देख के हाल[5] आता है

बरतरी[6] अपनी जताता है मगर
ले के औरों की मिसाल आता है

---

1. बार-बार 2. पतन 3. इस्लाम खाने-पीने की अपनी व्याख्या करता है। इस्लाम के अनुसार उचित कमाई की रोटी 4. मदिरालय 5. चक्कर 6. श्रेष्ठता

72

ज़रा-सा मुख़्तलिफ़[1] रंगे-रफ़ू[2] है
मगर चश्मे-अदू[3], चश्मे-अदू है

मुहब्बत के कई मानी हैं लेकिन
ज़ियादा सामने का सिर्फ़ तू है

दुआ भूली हुई होगी किसी को
फ़लक पर इक सितारा फ़ालतू है

कहीं भी रख के आ जाता हूँ ख़ुद को
न जाने किस को मेरी जुस्तजू है

ख़ुदा सुनता है जैसे बेज़बाँ[4] की
नमाज़ उस की भी है जो बेवजू[5] है

दराड़ें, ताक़, रौज़न[6] हो कि खिड़की
शजर[7] पर घोंसले की आबरू है

---

1. भिन्न 2. रफ़ू के धागे का रंग 3. प्रतिद्वन्द्वी की आँख 4. गूँगा 5. इस्लामी ढंग से स्वयं को पाक करना, वजू कहलाता है, उसके अनुसार जो पाक न हुआ हो बेवजू कहलायेगा 6. छेद 7. पेड़

73

किसी किनारे उतरना हक़ीर[1] लगता था
जब उड़ रहे थे तो दरिया लकीर लगता था

ये दिन भी हैं तहे-शमशीर[2] बेख़राश[3] हैं हम
वो दिन भी थे हमें रौज़न[4] से तीर लगता था

इक ऐसे ख़ौफ़[5] में पाई है परवरिश[6] मैंने
खिलौना मुझसे ज़ियादा शरीर लगता था

फिर उसने देख लिए बाग़ी क़ैदियों के ज़ख़्म
फ़रार होना जिसे नागुज़ीर[7] लगता था

सितमगरों ने तक़ाबुल पढ़ा दिया वरना
कहीं-कहीं मुझे ग़ालिब भी मीर लगता था

---

1. तुच्छ 2. तलवार के नीचे 3. बहुत छोटे से कट के बिना 4. छेद 5. डर 6. पालन-पोषण
7. आवश्यक

74

ये भीड़ वो है कि बस अपना रास्ता देखो
वहीं पे पाँव जमा लो जहाँ जगह देखो

सख़ी[1] को अज्र[2] न मिल जाये धीमी दस्तक का
सदा[3] लगा के ज़रूर एक मर्तबा देखो

अलग-अलग को बहुत देखना ज़रूरी नहीं
जो एक जैसे लगें उनको बारहा[4] देखो

मिरी पसंद बहुत लाजवाब होती है
नहीं यक़ीन तो इक बार आइना देखो

बहुत तवील[5] है 'अज़हर' दुकान चेहरों की
जब एक से न बने बात दूसरा देखो

---

1. दाता 2. भलाई का पुण्य 3. आवाज़ 4. बार-बार 5. लम्बी

75

हम समझते थे सहूलत[1] से किया जाता है
दूसरा इश्क़ ज़रूरत से किया जाता है

पहले मैं अपनी तबाही का सबब आप रहा
अब ये काम उसकी इजाज़त से किया जाता है

यूँ तो रखते हैं यहाँ लोग भी आँखें लेकिन
इस्तिफ़ादा[2] मिरी हैरत[3] से किया जाता है

मुनकशिफ़[4] मुझपे किया उस की मुसलसल[5] चुप ने
इख़्तिसार[6] ऐसे वज़ाहत[7] से किया जाता है

---

1. सरलता 2. लाभ लेना 3. आश्चर्य 4. प्रकट 5. लगातार 6. संकोच, संक्षेप 7. विस्तार

76

ये जो ताख़ीर[1] से आए हैं तिरे शहर में हम
ये भी तक़दीर[2] से आए हैं तिरे शहर में हम

ख़्वाब में रात परेशान तुझे देखा था
उज्रे-ताबीर[3] से आए हैं तिरे शहर में हम

कमसुख़न[4] तूने कहीं सुन तो नहीं रक्खा है
क़रया-ए-मीर[5] से आए हैं तिरे शहर में हम

हक़ तो ये था कि हमें दिल से लगाया जाता
बाबे-तौक़ीर[6] से आए हैं तिरे शहर में हम

अब तो बनता है तलब[7] कर के मिला जाये तुझे
ज़ोरे-शमशीर[8] से आए हैं तिरे शहर में हम

---

1. विलम्ब 2. भाग्य 3. स्वप्नफल पर आपत्ति करने 4. कम बोलने वाला 5. मीर तक़ी मीर की बस्ती 6. प्रतिष्ठा का द्वार 7. आदेशात्मक आग्रह 8. खड्ग के प्रताप

77

ख़्वाब तो पारा-पारा[1] हो गया है
मुफ़्त में इस्तिख़ारा[2] हो गया है

था मयस्सर[3] तो दूसरों का था
जाते-जाते हमारा हो गया है

हम हुए क्या ज़रा ख़फ़ा[4] तुमसे
जिसको देखो तुम्हारा हो गया है

इक तरफ़ से मैं रद किया गया हूँ
इक तरफ़ से इशारा हो गया है

दुश्मनों से गिला[5] सुना है तिरा
तू मुझे और प्यारा हो गया है

---

1. टुकड़े-टुकड़े 2. किसी मजहबी कृति द्वारा शुभ-अशुभ देखना 3. उपलब्ध 4. रुष्ट 5. शिकवा

78

सफ़र में रहने का ये भी तो इक क़रीना[1] है
मैं आप ठहरा हुआ हूँ रवां[2] सफ़ीना[3] है

वो जानते हैं जो शबनम[4] की प्यास रखते हैं
कि फूल अपनी तबीयत में आबगीना[5] है

हमारे ग़म कहीं कम पड़ गये तो क्या होगा
इरादा है कि अभी हमने और जीना है

ख़ुशी है इज़्ने-रिहाई[6] की और ग़म ये है
बदन के साथ शिकस्ता-परों[7] को सीना है

बुरी नहीं है बुलंदी की आरज़ू लेकिन
हवा हवा है मिरे दोस्त ज़ीना ज़ीना है

---

1. शिष्टता, तौर 2. गतिमान 3. बजरा 4. ओस 5. बुलबुला 6. स्वतन्त्र होने की अनुमति 7. टूटे पंखों

79

रात की आग़ोश[1] से मानूस[2] इतने हो गये
रौशनी में आए तो हम लोग अंधे हो गये

आंगनों में द.फ्न हो कर रह गई हैं ख़्वाहिशें
हाथ पीले होते-होते रंग पीले हो गये

भीड़ में गुम हो गये हम अपनी उँगली छोड़कर
मुनफ़रिद[3] होने की धुन में औरों जैसे हो गये

ज़िंदा रहने के लिए कुछ बेहिसी[4] दरकार[5] थी
सोचते रहने से भी कुछ ज़ख़्म गहरे हो गये

इस लिए मुहतात[6] हूँ अपनी नमूदारी[7] से मैं
फल तो फल मुझ पेड़ के पत्ते भी मीठे हो गये

---

1. गोद, अंक 2. अभ्यस्त 3. अनूठे 4. चेतना, शून्यता 5. आवश्यक 6. सावधान 7. बढ़वार

80

ख़ाक[1] अब टूटे रिश्ते में मज़बूती पहले वाली है
फिर लगता है इस मिसरे[2] पर गिरह[3] लगाने वाली है

खिड़की से दिखते पेड़ों की सुस्त रवी[4] से लगता है
अगला सफ़र हमें करना है गाड़ी रुकने वाली है

नदी किनारे वक़्त बिताने वालों को समझाए कौन
इक पागल की काग़ज़ी किश्ती खोल के पढ़ने वाली है

आँखों के अंबार लगे हैं नीम[5] खुले दरवाज़ों में
जैसे गाँव की गलियों से बारात गुज़रने वाली है

धीरे धीरे तान रहे हैं हम भी कम्बल चेहरे पर
टीवी की आवाज़ को वो भी मद्धम करने वाली है

शर्म नहीं आती क्या तुमको इश्क़ की दावेदारी पर
बातें दश्त-नवर्दी[6] की और ख़्वाहिश ख़ेमे[7] वाली है

घास समझ कर आप हरे क़ालीन पे अपने पाँव धरें
बाग़ की गुन्जाइश भी बिलकुल मेरे कमरे वाली है

●

---

1. धूल, बेकार 2. काव्य पंक्ति 3. शे'र दो पंक्ति का होता है, उसकी एक पंक्ति पर दूसरी पंक्ति लगाना 4. धीरे चलने 5. आधे 6. बियाबान में भटकना 7. तम्बू, टैंट

हिन्दुस्तानी शायर

अहमद कमाल परवाज़ी

अहमद कमाल परवाज़ी

अहमद कमाल परवाज़ी का जन्म 11 मार्च 1944 को हिन्दुस्तान के उज्जैन शहर में हुआ था। वो उज्जैन में ही एक बैंक में कार्यरत थे। लेकिन शायरी उनकी पहली पसन्द थी। बीसवीं सदी में ग़ज़ल में बहुत से प्रयोग हुए और ग़ज़ल का दामन इतना फैल गया कि नज़्म को भी इसने अपनी गिरफ़्त में ले लिया। परवाज़ी साहब के उर्दू ग़ज़ल संग्रह, *मुख़्तलिफ़* और *बरक़रार*, जिन लोगों की नज़र से गुज़रे हैं वो लोग इस बात की तस्दीक़ (पुष्टि) करेंगे। वो किताबों, रिसालों (पत्रिकाओं) और मुशायरों में समान रूप से पसन्द किये जाते थे। उनका ख़्वाब था कि उनकी चुनिन्दा ग़ज़लों का एक संग्रह देवनागरी में भी आये लेकिन वक़्त के बेरहम हाथों ने 29 दिसम्बर 2007 को उन्हें हमसे दूर कर दिया। देर तो हुई लेकिन दुरुस्त बात ये है कि इस किताब के ज़रिये परवाज़ी साहब का पुराना ख़्वाब पूरा हो रहा है और हिन्दी के पाठकों तक उनका कलाम पहुँच रहा है।

1

तन्हाई इसी मोड़ पे चकरा के गिरी है
रुक जाओ कि पहले भी यहीं शाम हुई है

ख़ेमों से परिन्दों की तरह आग उड़ी है
दरिया से जो निकली है वो नेज़े[1] की अनी[2] है

मौजों[3] से तड़पते हुए दरिया के किनारे
अक्सर मिरे कानों ने तिरी प्यास सुनी है

शहरों का भटकना मिरी आदत का करम था
जंगल की शुरुआत तिरी याद ने की है

अफ़सोस तो ये है कि मिरे मद्दे-मुक़ाबिल[4]
क़ातिल हैं मगर वार में काजल की कमी है

---

1. भाले 2. नोक 3. लहरों 4. सामने

2

हर एक ज़ख़्म भरी नींद सो रहा है अभी
निकल सको तो निकल जाओ रास्ता है अभी

हमारे घर के ग़मों का कोई सवाल नहीं
सवाल ये है कि दरवाज़ा खोलना है अभी

अंधेरी रात का लम्बा सफ़र तो बाद में है
ये जगमगाता हुआ शह्र काटना है अभी

तुम्हारे साथ गुज़ारे हुए महीनों से
तुम्हें निकालते रहने का सिलसिला है अभी

तमाम मसअले[1] सुलझाये जा चुके हैं मगर
हमारे सामने इक और मसअला है अभी

---

1. समस्याएँ

3

फूल पर ओस का क़तरा भी ग़लत लगता है
जाने क्यूँ आपको अच्छा भी ग़लत लगता है

मुझको मालूम है महबूब-परस्ती का अज़ाब
देर से चाँद निकलना भी ग़लत लगता है

आपकी हर्फ़अदाई[1] का ये आलम है कि अब
पेड़ पर शहद का छत्ता भी ग़लत लगता है

एक ही तीर है तरकश[2] में तो उजलत न करो
ऐसे मौक़े पे निशाना भी ग़लत लगता है

शाख़े-गुल काट के तिरशूल बना देते हो
क्या गुलाबों का महकना भी ग़लत लगता है

---

1. अक्षर बोलने का स्टाइल 2. तीर रखने की थैली

4

अपने हिस्से का भी हक़दार न होने देना
ज़िन्दगी तू हमें हुशियार न होने देना

ऐ मुहाफ़िज़[1] मिरा अंजाम सलामत रखना
मुझको इस शह्र से बेज़ार[2] न होने देना

उम्र भर आदमी होने की ज़मानत न मिले
कोई बस्ती कहीं घर-बार न होने देना

मैंने तन्हाई को मेयार[3] बना रक्खा है
इससे बेहतर मिरा मेयार न होने देगा

बाद में थाम भी लेता है रफ़ीक़ों[4] की तरह
इसको कहते हैं किसी पार न होने देना

---

1. रक्षक 2. बोर, परेशान 3. आदत 4. मित्रों

5

अपने माँ-बाप के कंधों से उतरना सीखो
दूसरे दौर की तैयारियां करना सीखो

होनहारो! ये तक़ाज़ा है कि तालीम के बाद
वक़्त के साथ चलो, जेब कतरना सीखो

ये तो अच्छा है कि हक़ मार रहे हो लेकिन
इससे क्या होगा अभी और निखरना सीखो

क़त्ल होने की सिफ़त[1] बाद के असबाक़[2] में है
पहले ख़ंजर की कसौटी पे उतरना सीखो

हम तो हर वक़्त महाज़ों[3] पे रहा करते हैं
तुम भले लोग हो बाक़ायदा मरना सीखो

---

1. ख़ूबी 2. पाठों 3. मोर्चों

6

जब घर तलब किया तो गुज़ारे से कट गया
मेरा जहाज़ दोनों किनारे से कट गया

पहले तो घर में रहने की आदत सी डाल दी
अब कह रहे हैं, क़ौम के धारे से कट गया

वे अपनी-अपनी क़ौम के अवतार बन गए
हिन्दोस्तान जिनके इशारे से कट गया

जितने भी लोग थे वो तशद्दुद[1]-पसंद थे
ये भी जवाज़[2] था जो इदारे[3] से कट गया

ये क्या ख़बर थी उनकी उफ़क़[4] पहरेदार है
छूने गया तो हाथ सितारे से कट गया

---

1. अत्याचार 2. कारण 3. संगठन 4. क्षितिज

7

इतना मुहतात[1] कि जुंबिश[2] नहीं करने देगा
उम्र भर एक गुज़ारिश[3] नहीं करने देगा

उससे उम्मीद ये करते हो कि सूरज का तवाफ़[4]
वो तो महवर[5] पे भी गर्दिश नहीं करने देगा

दिल ही चाहेगा तो ज़ंजीर के टुकड़े होंगे
इससे पहले कोई कोशिश नहीं करने देगा

प्यार करने के लिए आज भी दरिया का बहाव
ऐसा रक्खेगा कि ख़्वाहिश[6] नहीं करने देगा

अब भी सीने में कहाँ बाग़ उतरने वाला
पांव दे जाएगा लरज़िश[7] नहीं करने देगा

---

1. सावधान 2. हरकत 3. निवेदन 4. चक्कर लगाना 5. केन्द्र 6. इच्छा 7. लड़खड़ाहट

8

उर्दू लहजे ने शरर-ख़ेज़[1] भी होने न दिया
शायरी ने हमें चंगेज़ भी होने न दिया

हमने तामीर[2] को तूफ़ान की ज़द[3] पर रक्खा
और तूफ़ान बहुत तेज़ भी होने न दिया

तैश[4] में आए मगर फ़न[5] को बचाए रक्खा
होश ने मारका[6] ख़ूंरेज़[7] भी होने न दिया

दुश्मनी तू ने ज़मीं बांझ बनाकर रख दी
सरहदो! तुमने तो ज़रख़ेज़[8] भी होने न दिया

हमने रिश्ते बड़े ज़रख़ेज़ बनाए लेकिन
शे'र इबहाम[9] से लबरेज़ भी होने न दिया

---

1. आग बढ़ाने वाला 2. निर्माण 3. निशाने 4. क्रोध 5. कला 6. लड़ाई 7. रक्त रंजित 8. उर्वरा
9. गोल-मोल बात करना

९

आख़िरी फ़र्ज़ बचा है इसे पूरा कर दूँ
कोई मिल जाए तो इस शह्र का सौदा कर दूँ

कौन रक्खेगा ख़बर बाद में इस रिश्ते की
लाओ माँ-बाप की तस्वीर को उल्टा कर दूँ

बाद में और भी इक लम्बा सफ़र करना है
देर हो जाएगी बारात रवाना कर दूँ

आबला[1] हाथ का देखा भी नहीं था मैंने
अब वो कहता है इसे तोड़ के तारा कर दूँ

वो बुलंदी से बुलंदी की तरफ़ जाता है
कैसे देखेगा मगर हाथ तो ऊँचा कर दूँ

---

1. छाला

10

जो चोट दे गए उसे गहरा तो मत करो
हम बेवक़ूफ़ हैं कहीं चर्चा तो मत करो

माना के तुमने शहर को सर कर लिया मगर
दिल जा-नमाज़[1] है इसे रस्ता तो मत करो

बाइख़्तियारे-शहरे-सितम[2] हो ये शक नहीं
लेकिन ख़ुदा नहीं है ये दावा तो मत करो

बर्दाश्त कर लिया चलो बारीक पैरहन[3]
पर इसको जान करके भिगोया तो मत करो

तामीर[4] का जुनून[5] मुबारक तुम्हें मगर
कारीगरों के हाथ तराशा तो मत करो

---

1. नमाज़ पढ़ने की चटाई 2. जुल्म करने वाले शहर के कर्ता-धर्ता 3. वस्त्र 4. निर्माण 5. उन्माद

11

सफ़र ख़िलाफ़े-सफ़र[1] हो गया तो क्या होगा
ये बादबान भंवर हो गया तो क्या होगा

अभी तो शक है ग़लत रहनुमाई करने का
हमें यक़ीन अगर हो गया तो क्या होगा

फ़क़ीर होने के असबाब[2] पूछने वाला
अगर जवाब के सर हो गया तो क्या होगा

ज़रा सी धूप सरकने से दिल धड़कता है
ये दिन ग़ुरूब[3] अगर हो गया तो क्या होगा

मुझे तो सिर्फ़ मुहब्बत ही पढ़ना आता है
ये लफ़्ज़ शहर-बदर हो गया तो क्या होगा

---

1. यात्रा विरोधी 2. कारण 3. अस्त

12

एक पागल है जो दिन भर यही चिल्लाती है
मेरे भारत के लिए कौन-सी बस जाती है

अपनी बस्ती में शनावर[1] ही नहीं है कोई
हर तरफ़ डूबने वालों की सदा[2] आती है

साफ़गोई[3] की भी तहज़ीब[4] हुआ करती है
ऐसी बातों से तो बारात पलट जाती है

तन्हा रहने का सबब हो तो बहुत गहरा हो
वर्ना तन्हाई भी किरदार से गिर जाती है

शहरे-महरूम में हम तुझको कहाँ रक्खेंगे
तू तो उम्मीद है इस शहर में क्यों आती है

---

1. तैराक 2. ध्वनि 3. स्पष्टवादिता 4. शालीनता

13

कुछ फ़ैसला होने की घड़ी आई तो अब है
ये रात मिरे सब्र से टकराई तो अब है

इस दश्त[1] में हम जैसा मुसाफ़िर ही कहाँ था
तन्हाई से उलझी हुई तन्हाई तो अब है

सहराओं[2] में झंकार का इम्कान ही कब था
ज़ंजीर मेरे पांव में पहनाई तो अब है

ऐ गर्मी-ए-शमशीर[3] पसो-पेश[4] न करना
कहते हैं जिसे हौसलाअफ़ज़ाई[5] तो अब है

मिट्टी से निकलने की तमन्ना ही किसे थी
इक ढूँढने वाले की सदा आई तो अब है

---

1. बियाबान 2. रेगिस्तानों 3. जल्दी-जल्दी काटने वाली तलवार 4. हिचकिचाना 5. हिम्मत बढ़ाना

14

पत्ती को फूल, फूल को गजरा नहीं किया
ज़ालिम ने पूरे गाँव का दौरा नहीं किया

जब से समझ में आया कि हम भी हैं आदमी
उस दिन से आदमी पे भरोसा नहीं किया

क़ल्लाश होने आए थे क़ल्लाश हो गए
अच्छा नहीं किया तो जा अच्छा नहीं किया

ये रुख़[1] नए शिआर[2] की तमहीद[3] तो नहीं
क्या बात है सलाम वग़ैरा नहीं किया

गो[4] ख़ाक हूँ न कोई सितमयाफ़्ता[5] किसान
पर इसके बाद भी कभी ग़ुस्सा नहीं किया

---

1. दिशा 2. ढंग 3. भूमिका 4. यद्यपि 5. दुख भुगतने वाला

15

हाथ थामे हुए रखना कि भटक जाता है
ये अभी पाँव से कमज़ोर है थक जाता है

मेरी दरख़्वास्त पे इतना न भरोसा करना
लिखते-लिखते भी मिरा ज़ह्न भटक जाता है

खोजने जब भी निकलता हूँ सितमगर का निशां
अपनी टूटी हुई दीवार पे शक जाता है

कितना जाँदार है ये रिश्ता-शनासी[1] का सफ़र
एक मजज़ूब[2] भी ज़ंजीर तलक जाता है

नाक़िदे-शे'र[3] इसे जोशे-नुमू[4] कहते हैं
ये वो आलम है कि पत्थर भी सरक जाता है

---

1. सम्बन्धों की पहचान 2. अपने में खोया दीवाना 3. शे'र के आलोचक 4. पनपने का जोश

16

अँधेरी शब में उजाले को आम करते हुए
मैं बुझ गया हूँ चराग़ों पे काम करते हुए

शिकस्त[1] खाई तो इक तंज़ करके लौट आया
तमाम शह्र फ़रिश्तों के नाम करते हुए

मैं मुस्तहक़[2] हूँ मगर ऐ अदा-ए-दरवेशी
मैं मुतमइन[3] हूँ तिरा एहतराम[4] करते हुए

अना का बोझ भी रक्खा है मेरे शाने[5] पर
ये हाथ कांप रहा है सलाम करते हुए

बिसाते-जाँ[6] में उतरने लगे हैं सन्नाटे
बिछड़ रहा है कोई शब तमाम[7] करते हुए

---

1. पराजय 2. योग्य अधिकारी 3. संतोषी 4. आदर 5. कंधे 6. जान का फ़र्श 7. समाप्त

17

ये लग रहा है रगे-जाँ[1] पे ला के छोड़ी है
किसी ने आग बहुत पास आ के छोड़ी है

घरों के आइने सूरत गंवा के बैठ गए
हवा ने धूल भी ऊपर उठा के छोड़ी है

ये अब खुला के उसी में मिरी निजात भी थी
जो चीज़ मैंने बहुत आज़मा के छोड़ी है

हवा का जब्र[2] कहीं बीच में थमा ही नहीं
तिरी गली भी बहुत दिल दुखा के छोड़ी है

'कमाल' देखना ये ख़ेमा-ए[3]-हुसैन है क्या
किसी ने दिल में कोई शय जला के छोड़ी है

---

1. गले की मुख्य धमनी 2. दबाव 3. तंबू

18

पहचान में आने का हुनर साथ में रखना
कितना ही उजाला हो दिया हाथ में रखना

अनदेखे सितारे भी मिरे देखे हुए हैं
मेरे लिए रक्खो तो स.फ़र रात में रखना

इस बार मुझे पासे-गिरेबां[1] भी नहीं है
इस बार सभी .फ़ैसले बरसात में रखना

सरगोशियाँ[2] करते हुए पेड़ों की ज़मीं हो
गाती हुई कश्ती भी मुलाक़ात में रखना

सर करना अकेले ही समंदर की तवालत[3]
मिल जाए कोई नाव तो ख़तरात[4] में रखना

---

1. गिरेबान का ख़याल 2. धीरे-धीरे बोलना 3. लम्बाई 4. संकटों

19

वो शरीयत[1] के इख़्तियार में था
और मैं शिद्दते[2]-बुख़ार में था

छोड़कर खेल कैसे हट जाता
मैं जुआरी था और हार में था

ये तो थी उनकी ज़रबते-कारी[3]
और जो सब्र ख़ाकसार[4] में था

क्या अजब चीज़ है ये बर्बादी
आँख झपकी तो सब्ज़ाज़ार[5] में था

बेवक़ूफ़ों का इक जुलूस सा था
और मैं भी उसी क़तार में था

---

1. इस्लामी कानून 2. तेज़ बुख़ार 3. मारक चोट 4. अकिंचन (अपने लिये प्रयोग किया है)
5. हरे-भरे मैदान

20

शऊरे-गुमरही[1]   अंधा   नहीं   है
तू दिलबर[2] है मिरा आक़ा[3] नहीं है

ये कट कर ख़ुद भी क़ातिल हो गए हैं
तुम्हें पेड़ों का अंदाज़ा नहीं है

मैं अपने-आप उनसे कट गया हूँ
ये रोज़ा[4] है कोई फ़ाक़ा[5] नहीं है

मुझे तशवीश[6] है तो सिर्फ़ इतनी
मिरा बच्चा कभी रोता नहीं है

सितारे तो शरीक़े-शब[7] हैं लेकिन
हमारा   ही   नुमाइंदा   नहीं   है

---

1. रास्ता भूलने का ज्ञान 2. महबूब 3. मालिक 4. उपवास 5. मजबूरी में भूखा रहना 6. बेचैनी
7. रात का साथी

21

कभी भी आएं दिलदारी अभी हो
उन्हें आने से पहले रास्ता दो

वही रफ़्तार दिल पर दस्तकों सी
मुझे मालूम है ये तुम नहीं हो

तिरी ख़्वाहिश से ऊपर उठ रहा हूँ
यही लम्हा नतीजा हो गया तो

वही आलम है शह्रे-ज़िन्दगी का
चलो तो दूर तक मिट्टी उड़ा दो

अभी तो रस्मे-आमद चल रही है
कहाँ जाते हो ऐ ख़ानाबदोशो[1]

---

1. कंधों पर घर रखने वाले, यायावर

22

ग़ैर-महफ़ूज़ गिरेबान सा हो जाता हूँ
तेरे घर आ के पशेमान सा हो जाता हूँ

तजरुबा करके कोई बार उठाते क्यों हो
मैं तो वैसे ही परेशान सा हो जाता हूँ

मैं किसी खेल में शिरकत नहीं करता फिर भी
दाम आता है तो हैरान सा हो जाता हूँ

मेरी मिट्टी में वो तासीर कि हर आख़िरे-शब[1]
ख़ुद-ब-ख़ुद टूट के नुक़्सान सा हो जाता है

मैं अगर अपने ही उसलूब[2] के मेयारों[3] से
गिर भी जाता हूँ तो रुजहान[4] सा हो जाता हूँ

---

1. रात का पिछला पहर 2. ढंग (स्टाइल) 3. कसौटी 4. तवज्जो खींचने वाला

23

मेरा बस हो तो तिरी शब का मदावा[1] हो जाँउ
तू अगर सैर को निकले तो सवेरा हो जाँउ

तेरी ख़ुशबू तिरी सजधज में इज़ाफ़ा कर दूँ
फूल बन जाँऊ तिरे हाथ का गजरा हो जाँउ

तू न आए तो मिरी जान मैं पानी न पियूँ
दूसरे रोज़ भी खींचा हुआ रोज़ा हो जाँउ

जी में आता है उसी क़ामतो-क़द[2] की ख़ातिर
फिर वहीं जाँऊ उसी उम्र का लड़का हो जाँउ

जिस बयाबां की तरफ़ शामे-वतन का रुख़ है
उस तरफ़ मैं भी निकल जाँऊ तो बूढ़ा हो जाँउ

ग़म का अहसास नहीं है तो अधूरापन है
एक आँसू भी टपक जाए तो पूरा हो जाँउ

---

1. इलाज 2. डीलडौल

24

तुम पे सूरज की किरन आए तो शक करता हूँ
चाँद दहलीज़ पे रुक जाए तो शक करता हूँ

मैं क़सीदा[1] तिरा लिक्खूं तो कोई बात नहीं
पर कोई दूसरा दुहराए तो शक करता हूँ

उड़ते-उड़ते कभी मासूम कबूतर कोई
आपकी छत पे उतर जाए तो शक करता हूँ

फूल के झुंड से हटकर कोई प्यासा भंवरा
तेरे पहलू से गुज़र जाए तो शक करता हूँ

''शिव[2]'' तो बस एक तराशी[3] हुई मूरत हैं मगर
तू उन्हें देख के शरमाए तो शक करता हूँ

---

1. प्रशंसापूर्ण काव्य 2. भगवान शंकर 3. पत्थर काट कर बनाई हुई

25

कली भंवरे पे झुकती है तो शिरकत मैं भी करता हूँ
मिरी मजबूरियाँ ये हैं मुहब्बत मैं भी करता हूँ

रिवायत का मुजाविर[1] हूँ न क़ाज़ी का नुमाइंदा
मगर सर पर दुपट्टे की हिमायत मैं भी करता हूँ

ज़माने सब को रद कर दे मगर माँ-बाप रहने दे
ये ऐसे हर्फ़ हैं जिनकी तिलावत मैं भी करता हूँ

वो सब कांटे बिछाते हैं ख़ुद अपने दस्ते-नाज़ुक से
तो आँखें मूँदकर चलने की हसरत मैं भी करता हूँ

शऊरे-हर्फ़[2] से आगे मिरा किरदार[3] चलता है
सुख़नवर[4] हूँ मगर मेहनत-मशक़्क़त मैं भी करता हूँ

---

1. पुजारी 2. अक्षर का ज्ञान 3. चरित्र 4. लेखक

26

तेरी शिरकत से हर इक ऐब निकल जाता है
कड़वा पानी मिरा शरबत में बदल जाता है

हर्फ़ जब तेरे तसव्वुर में बदल जाता है
ख़ुदकुशी करने का अरमान निकल जाता है

जब भी आता है तिरा जिस्म भिगोने का ख़याल
ज़ह्न में अब्र का टुकड़ा सा मचल जाता है

अब तिरे नाम से मैं जब भी जलाता हूँ चिराग़
इक चिराग़ और मिरे हाथ से जल जाता है

जीते जी मरने की इक होड़ सी लगती है, 'कमाल'
शहरे-जानां[1] में तो नक़्शा ही बदल जाता है

---

1. महबूबा का नगर

27

दिल मिदहते-दिलदार[1] से आरी[2] तो नहीं है
ये शे'र है तनक़ीद-निगारी[3] तो नहीं है

नायाब[4] कोई चीज़ गुज़रती है तो हम लोग
ये सोचने लगते हैं हमारी तो नहीं है

ज़ख़्मों को खुला रखने की आदत है हमारी
बस में कोई 'नमकीन' सवारी तो नहीं है

तुम जीत तो आए हो मगर ये नहीं सोचा
जो हार गया है वो शिकारी तो नहीं है

महफ़ूज़ तो है अब भी मिरी तल्ख़कलामी
लहज़े में कहीं शुक्रगुज़ारी[5] तो नहीं है

---

1. महबूब की प्रशंसा 2. खाली 3. आलोचना लिखने की कला 4. खूबसूरत, अनोखी 5. धन्यवादी शैली

28

अमल बरक़्त होना चाहिए था
ज़मीं नम थी तो बोना चाहिए था

समझने थे मुझे बारिश के मानी
तुम्हें कपड़ा भिगोना चाहिए था

तू जादू है तो कोई शक नहीं है
मैं पागल हूँ तो होना चाहिए था

मैं मुजरिम हूँ तो मुजरिम इसलिए हूँ
मुझे सालिम[1] खिलौना चाहिए था

मैं तेशा[2] ले के अक्सर सोचता हूँ
मुझे फ़रहाद[3] होना चाहिए था

अगर कट-फट गया था मेरा दामन
तुम्हें सीना-पिरोना चाहिए था

---

1. जो टूटा न हो 2. कुदाल 3. शीरी का आशिक

29

मेरे मौसम भी तिरे ज़ेरे-असर जाते हैं
ज़ुल्फ़ खुलते ही मिरे बाल बिखर जाते हैं

उनसे जब हाथ मिलाने को तलब होती है
ख़ुद-ब-ख़ुद हाथ से दस्ताने उतर जाते हैं

कू-ए-जानाँ[1] की सियाहत का बदल है ही नहीं
अब वहाँ गोलियाँ चलती हैं मगर जाते हैं

ज़हर की इतनी ज़रूरत है मिरी जान कि अब
जिस तरफ़ सांप निकलते हैं उधर जाते हैं

हुस्न जब हमसे मुलाक़ात की ज़िद करता है
अपने ख़ुदसाख़्ता[2] मेयार[3] अखर जाते हैं

---

1. महबूब की गली 2. स्वयं के बनाए हुए 3. पैमाने

30

ये भी अच्छा है मगर इससे भी अच्छा होता
साथ चलते तो उजाले पे उजाला होता है

उनसे कल हाथ मिलाने की तमन्ना की थी
और अब सोच रहा हूँ कि मिरा क्या होता

उनकी शिरकत का तो आलम ही अजब होता है
बाग़ लुट जाते अगर वाक़या सच्चा होता

ख़ुसरवे-शहर[1] मिरे हाथ पे बोसा[2] देंगे
काश ऐसे में कोई जानने वाला होता

रात भर जाग के सोने में मज़ा आ जाता
मैं अगर रौशनी होता तो सितारा होता

कौन कहता है कि दीवाने नहीं हैं हम लोग
ऐसा होता तो ये बाज़ार हमारा होता

---

1. नगर का राजा 2. चूमना (चुम्मा)

31

इक उम्र का हिसाब था कल लेके आए थे
वो बेनक़ाब रात का हल लेके आए थे

इस बार अब्र रद्दे-अमल[1] ले के आए थे
तेरे लिए गुलाब का जल ले के आए थे

सरहद के पासबान ने जुर्माना ले लिया
हम आगरे का ताजमहल ले के आए थे

वैसे तो इम्तहान था इल्मुल-हिसाब[2] का
पर हम जवाब देने ग़ज़ल ले के आए थे

तू तो वतन है अपना ही सानी नहीं मिला
कुछ बेवकूफ़ तेरा बदल ले के आए थे

---

1. प्रतिक्रिया 2. गणित

32

बिसाते-जां से सारी रात तैयारे[1] निकलते हैं
कभी यूँ भी धुआँ उठता है अंगारे निकलते हैं

कई शब जागने के बाद अब जामातलाशी[2] में
हमारी जेब से टूटे हुए तारे निकलते हैं

अगर ये देखना है कैसा लगता है क़तारों में
यहाँ बैठो इसी रस्ते से बंजारे निकलते हैं

जुनूं के मोड़ पर इस शहरे-तन्हाई के साहिल पर
यही पुल है जहाँ से हिज्र के मारे[3] निकलते हैं

मगर अब तो तिरी दहलीज़[4] वो तासीर रखती है
कि जब भी पांव रखता हूँ तो अंगारे निकलते हैं

---

1. हवाई जहाज़ 2. कपड़ों की तलाशी 3. जुदाई के मारे 4. घर की चौखट

33

तमाम भीड़ से आगे निकल के देखते हैं
तमाशाबीन वो चेहरा उछल के देखते हैं

नज़ाकतों का ये आलम कि रूनुमाई[1] की रस्म
गुलाब बाग़ से बाहर निकल के देखते हैं

तू लाजवाब है सब इत्तफ़ाक़ रखते हैं
मगर ये शह्र के फ़ानूस[2] जल के देखते हैं

उसे मैं अपने शबिस्तां[3] में छू के देखता हूँ
वो चाँद जिसको समंदर उछल के देखते हैं

जो खो गया है कहीं ज़िन्दगी के मेले में
कभी-कभी उसे आँसू निकल के देखते हैं

जो रोज़ दामने-सदचाक[4] सीते रहते हैं
तुम्हें वो ईद पे कपड़े बदल के देखते हैं

---

1. मुँह दिखाई 2. चराग़, लैम्प 3. वह कमरा या घर जिसमें रात बसर की जाती है 4. सौ जगह से फटा हुआ दामन

34

अगर वो आयें तो तारे बहा दिये जाएँ
पुराने ज़ख़्म सभी गुनगुना दिये जाएँ

वो जिनपे होके समन्दर गुज़रने वाला है
अगर वो घर हैं तो ख़ाली करा दिये जाएँ

यहाँ पे आ के मिरी ख़ाली शाम उतरेगी
हरे शजर से परिन्दे उड़ा दिये जाएँ

हमारे घर की छतों से गिरे हुए आंसू
हमारे नाम के आगे लिखा दिये जाएँ

अंगूठे देके उतारा गया ख़रीफ़ का बोझ
रबीअ फ़स्ल में बाज़ू चुका दिये जाएँ

35

चीखें दबी हुई हैं सवालात मत करो
मुझसे मिरे वतन की कोई बात मत करो

हल वो करें कि जिनका सियासी मिज़ाज है
मैं आदमी हूँ मुझसे सवालात मत करो

बच्चे हो खेलने की अदा भूल जाओगे
अख़बार देखने की शुरुआत मत करो

कैसा समाज, कैसा ये परिवार, किसका घर
मुझसे मिरे ख़िलाफ़ कोई बात मत करो

अब ये करो कि जिस्म के कपड़े उतार लो
इतना न कर सको तो मुलाक़ात मत करो

36

इक वक़्त था कि चैन का सामान घर में था
बेटा था दस्तरस[1] में बिरादर असर में था

सहरा[2] चमक रहा था पसीना सफ़र में था
इस बार इम्तहान भरी दोपहर में था

उनका ये क़ौल[3] था वो हवा साज़गार[4] थी
लेकिन मैं जानता हूँ सफ़ीना भंवर में था

ग़म में शरीक होने की हिम्मत कहाँ से आय
ऐसा ही एक हादसा कल भी ख़बर में था

बच्चों के साथ खेले हुए दिन गुज़र गये
कुछ रोज़ पहले दूसरा मेहमान घर में था

---

1. नियंत्रण, पहुँच 2. जंगल 3. कथन 4. अनुकूल

37

वो ही कटा-फटा सा तअल्लुक़ बना रखो
तन्हाइयों में एक तहलका मचा रखो

मामूल[1] के ख़िलाफ़ ये आलम[2] रवा[3] रखो
दो चार रोज़ और गिरेबां खुला रखो

ये बोझ कम नहीं है तड़ख़ जाओगे मगर
जब तक हो अपना-अपना मुक़द्दर उठा रखो

इक नस्ल और जिस्मफ़रोशी[4] को आयेगी
तुम लोग अपनी-अपनी दुकानें सजा रखो

बरवक्त[5] अपने बच्चे उसे रह्न रख सकें
बाक़ी रही ज़मीन का टुकड़ा बचा रखो

---

1. सामान्य स्थिति 2. स्थिति 3. उचित 4. देह-व्यापार 5. आवश्यकता पर

38

तेज़ रफ़्तार घड़ी हो तो मंगा ली जाए
जिस क़दर जल्द हो तारीख़ बदल दी जाए

नाम रखते ही महाज़ों[1] पे रवाना कर दो
क़त्ल होने की कोई शर्त न रक्खी जाए

जब कोई दर्द भरा गीत फ़ज़ा में गूंजे
मेरी तन्हाई की आवाज़ बढ़ा दी जाए

मैं तो कहता हूँ कि इज़्ज़त की दुआयें मांगो
जब ये फ़ैशन है कि हर चीज़ ख़रीदी जाए

---

1. जंग, युद्ध

39

अंधेरा है कि तिरे शहर में उजाला है
हमारे ज़ख़्म पे क्या फ़र्क़ पड़ने वाला है

हर एक मोड़ पे तन्हाई ने संभाला है
वो आदमी हूं जिसे बद्दुआ ने पाला

ये किसने खींची है तस्वीर भूखे बच्चों की
ये किसने मेरे गिरेबां पे हाथ डाला है

चलो ये देख लें अब किसकी जीत होती है
मैं ख़ाली हाथ तिरे हाथ में निवाला है

बताओ ऐसा कोई अस्पताल है कि नहीं
हमारी रूह के अंदर भी एक छाला है

40

हर लफ़्ज़ से तकलीफ़ पुरानी निकल आई
सन्दूक़ से इक याद-दहानी निकल आई

पहले दरो-दीवार पे तन्हाई नहीं थी
अब लौट के आए तो निशानी निकल आई

हमने तो ज़मीनों में दुआ बोई थी लेकिन
बेयारो-मददगार कहानी निकल आई

सय्यारों[1] के जिस वक़्त क़दम डूब चुके थे
मिट्टी के चराग़ों से जवानी निकल आई

कब तक मैं किवाड़ों को लगाये हुए रखता
दिन उगते ही अहवाल[2]-बयानी निकल आई

---

1. नक्षत्र 2. स्थितियों का वर्णन, रोना रोना

41

मसअला[1] ये है के दरिया से उधर कितने हैं
इस पे क्या सोचना सैलाब[2] में घर कितने हैं

पहले मालूम नहीं था कि सफ़र होते हैं
अब ये मालूम नहीं है कि सफ़र कितने हैं

एक पत्ती से भी महरूम[3], उगाने वाला
काटने वाले के हाथों में शजर[4] कितने हैं

कोई साया नहीं, आवाज़ नहीं, नाम नहीं
अपने ही शहर में हम शहर-बदर कितने हैं

कल तलक कितना परेशान था घर की ख़ातिर
आज घर छोड़ के निकला हूँ तो घर कितने हैं

---

1. समस्या 2. पानी का तूफ़ान 3. वंचित 4. पेड़

42

तुम्हारे सहन[1] का सरसब्ज़[2] बख़्त[3] है कि नहीं
लिखो वो मौलसिरी का दरख़्त है कि नहीं

बड़े मकान की अज़मत[4] तो ढह चुकी होगी
चचा हुज़ूर का लहज़ा करख़्त है कि नहीं

उन्हें यह ज़ोम कि क़ैदी निकल नहीं सकता
मुझे ये फ़िक्र कि ज़ंजीर सख़्त है कि नहीं

मिरा मिज़ाज भी फ़रमारवाओं[5] जैसा है
मिरे लिये भी कोई ताजो-तख़्त है कि नहीं

हमें सफ़र के लिये नंगे सर निकलना है
हमारे हाथ में देखो दरख़्त है कि नहीं

---

1. आँगन 2. हरा-भरा 3. भाग्य 4. महानता 5. सम्राट

43

छोटी सी एक बात पे मंज़र[1] बदल गये
दामन फटा तो हाथ से रिश्ते निकल गये

सदशुक्र[2] बेसबील[3] अँधेरे निकल गये
छत उड़ गई तो घर के मुक़द्दर बदल गये

इक रोज़ तुमसे हाथ मिलाने की आरज़ू
इतनी शदीद[4] थी कि मिरे हाथ जल गये

मेरी तरह से ट्रेन भी सुनसान हो गई
एक-एक करके सारे मुसाफ़िर निकल गये

ये उन दिनों की बात है जब दर्द दर्द था
अब तो हमारे ज़ख़्म भी सोने में ढल गये

---

1. दृश्य 2. कृतज्ञता 3. बिना रास्ते का, पथहीन 4. तीव्र

44

बहुत तवील[1] सफ़र से गुज़र के आया हूँ
मैं तुमसे मिलने सड़क पार करके आया हूँ

खिलौने बाद में पहले तू इस रसीद से खेल
ऐ मेरे लाल तिरी फ़ीस भर के आया हूँ

तू जिस मकान की ऊँचाई से लरज़ता है
मैं उस मकान के ज़ीने उतर के आया हूँ

मैं अपने गांव से फुटपाथ की रिवायत[2] तक
पिरेस[3]-नोट पे विश्वास करके आया हूँ

---

1. लम्बा 2. परम्परा 3. प्रेस-नोट

45

उम्र भर पेड़ लगाने का नतीजा रख दे
ला मिरे हाथ पे सूखा हुआ पत्ता रख दे

मुझको अहसास है हर शख़्स के हल्केपन का
मैं तो कहता हूँ मिरी पुश्त[1] पे दुनिया रख दे

अब मिरे अहद[2] के लोगों की .क़यादत[3] के लिये
एक मिट्टी का बनाया हुआ पुतला रख दे

अपनी शुहरत के लिये ढाल ले सिक्के लेकिन
वक़्त चाहे तो तेरे हाथ पे कासा[4] रख दे

ज़ख़्म देकर मुझे लौटा दिया परदेसों ने
ऐ मिरे शहर मेरे ज़ख़्म पे फाहा रख दे

---

1. पीठ 2. युग 3. नेतृत्व 4. भीख माँगने का पात्र

46

आज तक तेरा तसलसुल[1] कभी टूटा ही नहीं
कैसा पत्थर है कि सीने से सरकता ही नहीं

मैं भी सरसब्ज़[2] इलाक़ा कहा जाता लेकिन
मेरे दामन में कोई क़ाफ़िला ठहरा ही नहीं

जो मिरे नाम पे लिक्खा गया तक़सीम[3] के बाद
ऐसा ख़ित्ता है जहाँ अब्र बरसता ही नहीं

फिर वही कांच के टूटे हुए टुकड़े ले जा
क्या किया जाये मिरा दूसरा चेहरा ही नहीं

कभी आहट, कभी ख़ुशबू, कभी साये जैसा
जाने ये क्या है मुझे छोड़ के जाता ही नहीं

---

1. क्रम 2. हरा-भरा 3. विभाजन

47

ये नातमाम[1] दरो-बाम[2] पार करने दे
हवा के साथ मिरी पत्तियां बिखरने दे

मैं अपने शहर का इक मोतबर[3] इलाक़ा हूँ
ये सानिहा[4] भी इसी सिम्त से गुज़रने दे

मैं अपने आप ज़मीनों से फूट निकलूंगा
मिरी हदों में कोई क़ाफ़िला ठहरने दे

तड़ख़ते टूटते इस बेलिबास[5] ख़ित्ते[6] पर
कभी तो अब्र की परछाइयां उतरने दे

तमाम शहर में बेसूरती का आलम है
इस आइने में कोई अक्स[7] तो उभरने दे

---

1. अंतहीन 2. दरवाज़े और छतें 3. विश्वसनीय 4. घटना 5. नग्न, वस्त्रहीन, 6. भूमि का टुकड़ा
7. प्रतिबिम्ब

48

गोरी हथेलियों से हिना[1] कौन ले गया
मेरे वतन की आबो-हवा कौन ले गया

ये भी नहीं कि कोई लतीफ़ा सुना सके
इस घर से तेरे दिल की दुआ कौन ले गया

नौ-दस बजे की रात ने सन्नाटा कर दिया
इन होटलों से रस्मे-वफ़ा कौन ले गया

मैं क्या बताऊं कौन मिरा सरपरस्त[2] था
एक-एक करके तारे-क़बा[3] कौन ले गया

ये तो किसी धकेलने वाले का हाथ है
इक हाथ सर पे हाथ रक्खा हुआ कौन ले गया

---

1. मेहंदी 2. संरक्षक 3. वस्त्रों के तार

49

ज़रा-ज़रा सी कई कश्तियाँ बना लेना
वो अब के आये तो बचपन रफ़ू करा लेना

तमाज़तों में मिरे ग़म के साये में चलना
अंधेरा हो तो मिरा हौसला जला लेना

शुरू में मैं भी इसे रौशनी समझता था
ये ज़िन्दगी है इसे हाथ मत लगा लेना

मैं कोई फ़र्द[1] नहीं हूँ कि बोझ बन जाऊँ
इक इश्तहार हूँ दीवार पर लगा लेना

रिफ़ाक़तों[2] का तवाज़ुन[3] अगर बिगड़ जाये
ख़मोशियों के तअव्वुन[4] से घर चला लेना

---

1. व्यक्ति 2. प्रेम 3. संतुलन 4. सहायता

50

अज़ल[1] से लम्बे सफ़र का हिसाब रक्खा था
सरों पे आग कमर पर अज़ाब[2] रक्खा था

ज़रा सा फ़र्क़ था लेकिन इताब[3] रक्खा था
तुम्हारी ख़ाली जगह पर गुलाब रक्खा था

हमारे पांव के नीचे था पानियों का बहाव
हमारी पीठ के पीछे सराब[4] रक्खा था

ख़बर ये है कि वो सारा इलाक़ा डूब गया
जहाँ ख़रीफ़ की फ़स्लों पे ख़्वाब रक्खा था

और एक रोज़ तो वो घर भी बिक गया जिसमें
हमारे बीस बरस का हिसाब रक्खा था

---

1. अनादिकाल 2. यमलोक में मिलने वाली पीड़ा 3. प्रकोप 4. मृगतृष्णा

51

कमर का बोझ तवानाई[1] बन गया बेटे
ये रेगज़ार[2] भी आबाई[3] बन गया बेटे

अँधेरे ताक़ में रक्खा हुआ तिरा जुगनू
हमारे घर की तवानाई बन गया बेटे

मैं चाहता था तुझे फलता-फूलता देखूं
मगर तू आज की सच्चाई बन गया बेटे

मिरे फलों पे कोई दस्तकें[4] नहीं देता
तिरे बग़ैर मैं तन्हाई बन गया बेटे

मैं तेरे ज़ख़्म की गहराई का नमूना हूँ
तू मेरे दर्द की ऊँचाई बन गया बेटे

---

1. शक्ति 2. रेतीला स्थान, मरुस्थल 3. बाप-दादा का 4. खटखटाना

52

हर एक सिम्त की सूरत कटी-फटी होगी
खुलेगी आँख तो इक्कीसवीं सदी होगी

अभी तो मक़बरासाज़ी[1] की रस्म बाक़ी है
अभी तो रेगे-परीदा[2] की वापसी होगी

जबीं[3] पे क़हर[4] की सूरत उगा दिये होंगे
रिदा-ए-शाम सरों पर से खींच ली होगी

वो जिस पे साहिबे-किरदार[5] तार तार हुआ
उसी सलीब[6] पे मेरी निशांदही[7] होगी

ये बेमज़ाक़[8]-शबो-रोज़[9] की अदाकारी
न जाने कितने वसीलों[10] को खा गई होगी

---

1. क़ब्र का निर्माण 2. उड़ने वाली रेत 3. माथा 4. सख़्ती, अत्याचार 5. चरित्रवान 6. सूली
7. पहचान 8. आनन्दरहित 9. रात और दिन 10. सहायता

53

आने के लिये है न ये जाने के लिये है
दरवाज़ा सरे-शाम लगाने के लिये है

लाइल्म[1] हैं बच्चे कि मिरे सूने मकां में
दालान है और शोर मचाने के लिये है

पहले की तरह घर में उजाला नहीं करती
अब आग भी बिस्तर पे बिछाने के लिये है

बच्चों की तरह तुमको बरतना नहीं आता
दुनिया तो हवाओं में उड़ाने के लिये है

तक़दीर से फूटे या किसी ज़ख़्म से निकले
आवाज़ बहरहाल[2] उठाने के लिये है

---

1. अनभिज्ञ 2. हर हाल में

54

अपनी तरफ़ से कोई भी कोशिश न हो सके
सर इस तरह कटाओ कि जुंबिश[1] न हो सके

मुझको तो एक दिन का शहंशह बना दिया
मुमकिन है तेरे साथ ये साज़िश[2] न हो सके

ऐसी भी चीज़ हो कि जिसे हम बरत सकें
अलमारियों में जिसकी नुमाइश न हो सके

ये वाक़िया[3] है कोई महीनों के अह्द में
इक लम्हा बैठ जाये तो बख़्शिश[4] न हो सके

बेवक़्त सारे शह्र को सैलाब घेर ले
बरवक़्त एक बूंद भी बारिश न हो सके

---

1. हिलाना 2. धोखा, षड्यंत्र 3. घटना 4. मुक्ति, छुटकारा

55

रात के पिछले पह्र ज़ख़्म भबकता क्यों है
एक बच्चा मिरे बिस्तर पे बिलकता क्यों है

तुम जिन्हें ऊंचे ठिकानों पे सजा देते हो
ऐसी चीज़ों पे मिरा हाथ लपकता क्यों है

ये तो सामान था कपड़े भी उतर सकते हैं
इस बड़े शहर में तू आँख झपकता क्यों है

वो अगर आज की माँ है तो थपकती कब है
तू अगर आज का दिल है तो धड़कता क्यों है

बेशतर[1] मेरे उखड़ते हुए कमरे का मिज़ाज
तेरे आने से गुलाबों सा महकता क्यों है

---

1. अधिकतर

56

ये सर नये उस्लूब[1] की बुनियाद तो होगा
क़ायम[2] कोई मीज़ान[3] मिरे बाद तो होगा

चलने को मिरे पांव में ज़ंजीर तो होगी
रहने को मिरी पुश्त पे जल्लाद तो होगा

इस कुर्र-ए ख़ाकी[4] को समंदर ही बना दे
दो हिस्सों की तक़सीम से आज़ाद तो होगा

इक रोज़ तो बरसेंगी मिरे शह्‌र पे फ़स्लें
ये ख़ुश्क मुक़द्दर कभी आबाद तो होगा

जिस वक़्त मैं दहकी हुई ख़न्दक़ पे खड़ा था
उस हाथ का बर्ताव तुम्हें याद तो होगा

---

1. विधि, ढंग 2. स्थापित 3. तराजू 4. ज़मीन

57

उम्र भर जागने की क़ीमत दे
ढह चुका वक़्त अब इजाज़त दे

पहले इक वाक़िया[1] अता[2] कर दे
बाद में दश्त की सहूलत[3] दे

ढांक दे रात से दरो-दीवार
सरबुरीदा[4] घरों को इज्ज़त दे

ठोकरें खा रही है तन्हाई
अज़सरे-नौ[5] हमें क़यादत दे

ज़ख़्म से पत्तियां निकल आएं
बख़्त[6] को इस क़दर अज़ीयत[7] दे

---

1. हादसा, स्थिति 2. देना 3. सरलता 4. सिर कटे हुए 5. नये सिरे से, फिर से 6. भाग्य 7. कष्ट

58

मैं चाहता हूँ सुबकगाम[1] इत्मिनान से आय
तिरी ख़बर भी गुलाबों के दर्मियान से आय

मैं जब भी जागूं तो जागूं तिरे हवाले से
सवेरा आए तो होकर तिरे मकान से आय

तलब तो ये कि तिजारत करूं सितारों से
हिसाब लेने कोई चांद आसमान से आय

मिरा ख़याल तिरे हुस्न के जवाज़[2] में हो
और इस ख़याल की तसदीक़ ज़ाफ़रान से आय

मैं तेरे हिज्र में इक ऐसा ज़ख़्म बन जाऊँ
कि तेरी ख़ुशबू मिरी चोट के निशान से आय

---

1. हल्के क़दमों से चलने वाला 2. दलील

59

तुझसे बिछड़ूँ तो तिरी ज़ात का हिस्सा हो जाँउ
जिससे मरता हूं उसी ज़ह्‍र से अच्छा हो जाँउ

तुम मिरे साथ हो ये सच तो नहीं है लेकिन
मैं अगर झूठ न बोलूं तो अकेला हो जाँउ

मैं तिरी क़ैद को तस्लीम तो करता हूं मगर
ये मेरे बस में नहीं है कि परिन्दा हो जाँउ

आदमी बन के भटकने में मज़ा आता है
मैंने सोचा ही नहीं था कि फ़रिश्ता हो जाँउ

वो तो अंदर की उदासी ने बचाया वर्ना
उनकी मर्ज़ी तो यही थी कि शगुफ़्ता[1] हो जाँउ

---

1. खुशहाल

60

किसी ने पर्दे के पीछे से रहनुमाई की
मैं जब भी उलझा हूं उसने गिरहकुशाई[1] की

बरा-ए-रौशनी[2] पहले बुझा दिये थे चिराग़
फिर उसके बाद अदा रस्मे-रूनुमाई[3] की

तिरे ख़िलाफ़ गवाही तो दे रहा हूं मगर
दुआएं मांग रहा हूं तिरी रिहाई की

उदास रहने की ख़्वाहिश भी हो गई पूरी
बहुत दिनों से तमन्ना थी बेवफ़ाई की

मआल[4] ये कि तिरे शहर-ए-बेवफ़ा में कोई
रसीद ले के भटकता है आशनाई की

---

1. गाँठ खोलना 2. उजाले के लिए 3. घूँघट खोलने की रस्म 4. अंजाम

61

रौशनी सांस ही ले ले तो ठहर जाता हूं
एक जुगनू भी चमक जाए तो डर जाता हूं

मेरी आदत मुझे पागल नहीं होने देती
लोग तो अब भी समझते हैं कि घर जाता हूं

मैंने इस शहर में वो ठोकरें खाई हैं कि अब
आंख भी मूंद के गुज़रूँ तो गुज़र जाता हूं

इसलिए भी मिरा एज़ाज़ पे हक़ बनता है
सर झुकाए हुए जाता हूं जिधर जाता हूं

इस कदर आपके बदले हुए तेवर हैं कि मैं
अपनी ही चीज़ उठाते हुए डर जाता हूं

62

तमाम रौशनी इक तयशुदा क़रार की थी
चुका के लौट रहा हूं रक़म उधार की थी

तिरे दयार का इक फूल भी उदास न था
अजीब चौकसी चारों तरफ़ बहार की थी

ये माना अब्र का मक़सद तो नेक मक़सद था
मगर हवाओं की मर्ज़ी तो आर–पार की थी

हम इत्तिफ़ाक़ से दोनों ही झूठ बोलते थे
यही तो चीज़ तअल्लुक़ में एतबार की थी

मगर यहां भी तुम्हारा कोई क़ुसूर न था
हमारे घर की बनावट ही इन्तिज़ार की थी

ये एक इंच ज़मीं कैसे छोड़ सकता था
जगह की बात नहीं बात इक़्तिदार की थी

63

उनके कूचे में कोई जाए तो पीछा करना
लौट कर आये तो ख़ुशबू का तक़ाज़ा करना

उनकी गलियों के नमकपाश मुझे जानते हैं
मेरे बारे में ज़रा देख के चर्चा करना

इश्क़ में चोट को महबूब का परचम न बना
यह तो कमज़र्फ़ी है चौराहे पे जलसा करना

इश्क़ में चोट भी मुम्किन है मगर पी जाना
गोली लग जाये तो दंगे का बहाना करना

आजकल मां को बहुत बेच रहे हैं शायर
ये ग़लत बात है मां–बाप का सौदा करना

64

तेरी तस्वीर बसारत के लिये रख ली है
अपनी आँखों की हिफ़ाज़त के लिये रख ली है

अस्ल मक़सद तो यही है कि मुलाक़ात करें
चांदनी रात तो शिद्दत के लिये रख ली है

जिसके खुलने से नज़र आता है दालान तेरा
मैंने वो खिड़की इबादत के लिये रख ली है

ताकि वहशत के इरादे पे कोई शक न करे
सर पे कुछ धूल वज़ाहत के लिये रख ली है

मैंने इस साल तो दंगे से बचा कर झुग्गी
मादरे-हिन्द की अज़मत के लिये रख ली है

65

तन्हाई से बचाव की सूरत नहीं करूँ
मर जाऊँ क्या किसी से मुहब्बत नहीं करूँ

सूए-फ़लक[1] हवाई-सफ़र है तो क्या हुआ
डर जाऊँ माहताब की सूरत नहीं करूँ

आँखें हैं या शराब के साग़र भरे हुए
पी जाऊँ क्या ख़याले-शरीअत[2] नहीं करूँ

क़ब्ज़े में उनके शहरे-तिलिस्मात[3] ही सही
खो जाऊँ क्या ख़ुदा की इबादत नहीं करूँ

बज़्मे-सुख़न-तराज़[4] में नाकाम हूं तो क्या
चिल्लाऊं अपने फ़न की हिफ़ाज़त नहीं करूँ

वो आ गया कमाल की क़ीमत के आस-पास
बिक जाऊँ अपने सच की हिफ़ाज़त नहीं करूँ

---

1. आकाश की ओर 2. इस्लामी क़ानूनों का ध्यान 3. इन्द्रजाल का नगर 4. काव्यशास्त्र की सभा

66

मैं जैसे डूब रहा हूँ ये हाल आज भी है
तिरी तरफ़ का समन्दर सवाल आज भी है

बदल गया है जो नक़्शा तो कोई ज़ख़्म नहीं
हमारी आख़िरी चौकी बहाल आज भी है

हिसार[1]-बन्द घरों में थी आफ़ियत[2] कल की
खुली हवाओं के सर पर सवाल आज भी है

वहाँ तो फ़स्ल जबीनों[3] पे जागती होगी
यहाँ दियों का उजाला निढाल आज भी है

कहाँ से ढूँढ के लाओगे दूसरा दोज़ख़[4]
क़यामगाह[5] बदलना मुहाल आज भी है

---

1. दीवारों से घिरे 2. सुख-चैन 3. माथों 4. नर्क 5. रहने का स्थान

67

फटी चादर से लहजा बन रहा है
ये कोई दुख नहीं है तजरुबा है

सरासर ये हमारा मसअला है
ख़ुदा को तो ख़ुदा का आसरा है

पुरानी सब फ़िरेमें[1] दम-ब-ख़ुद[2] हैं
महल का नाम बदला जा रहा है

तड़प जाऊँ मगर पानी न माँगूँ
ये ख़ासा[3] भी मिरे उस्लूब[4] का है

हमें कुहनी के बल चलना पड़ेगा
अगर लहजे से लहजा काटना है

---

1. फ़्रेमें 2. स्तब्ध 3. विशेषता 4. शैली, पद्धति

68

तुम तो मेरी बत्तियाँ रोशन करो
मैं तुम्हारा शहर हूँ दानिश्वरो[1]

ख़ंजरों की धार जैसे लोग हैं
ये जगह अच्छी है ख़ेमे गाड़ दो

रौशनी तो सब घरों में आम है
तुम हमारे घर के रौशनदान हो

इस जगह के पेड़ भी हस्सास[2] हैं
पाँव अपने और आहिस्ता रखो

मैं तो तुमसे भी लिपटकर रोऊँगा
कौन कहता है कि तुम इक पेड़ हो

काले पानी का समन्दर हूँ मुझे
साहिलों[3] पर बैठकर देखा करो

---

1. विद्वानों 2. भावुक 3. किनारों

69

यारों की गली छोड़के आना नहीं आया
फिर क़त्ल हुए जान बचाना नहीं आया

बेचैनी-ए-शब[1] में कभी करवट नहीं बदली
अपने लिये औरों को जगाना नहीं आया

ईमान के असरात[2] से बाहर नहीं आये
तस्वीर से तस्वीर बनाना नहीं आया

फिर बाद में रह जायेगी इक ख़ाली हथेली
बरवक़्त[3] अगर हाथ मिलाना नहीं आया

अब भी मिरे हाथों से निकल जाती हैं चीज़ें
अब भी तिरी दहलीज़ तक जाना नहीं आया

---

1. रात की बेचैनी 2. प्रभाव 3. उपयुक्त समय पर

70

शाम से हँसने-हँसाने में उलझ जाता हूँ
ग़म को तफ़रीह कराने में उलझ जाता हूँ

कह तो देता हूँ यहाँ लोग मिरे अपने हैं
बाद में नाम बताने में उलझ जाता हूँ

देर हो जाती है हर कूचे में रखने से चिराग़
इज़्ज़ते-शह्‌र बचाने में उलझ जाता हूँ

अब करम हो तो मिरे क़द के बराबर या रब
आदमी हूँ मैं छिपाने में उलझ जाता हूँ

तेरी तारीफ़ इसी बात में गुम है शायद
तेरी तफ़्सील बताने में उलझ जाता हूँ

71

शब रहे या दिन निकल आये मगर होना तो है
जानिबे-आवाज़[1] इक अन्धा सफ़र होना तो है

ख़ूब है रख़्ते-सफ़र[2] तैयारियाँ क़ाबू में हैं
बस ज़रा सा दिल दुखा दो दर-ब-दर होना तो है

बस 'फ़क़ीरा' अब दरे-जानाँ[3] बहुत नज़दीक है
एक हमला और दामन चीरकर होना तो है

सर उठाकर क्यों न उसकी इस्तेताअत[4] देख लें
ये अँधेरा अब किसी मीज़ान[5] पर होना तो है

शायरी की सत्ह पर हमवज़्न है जो सुब्ह का
एक दिन इस क़ाफ़िये का बहरवर होना तो है

---

1. ध्वनि की दिशा में 2. पाथेय, यात्रा की सामग्री 3. प्रेयसी की गली 4. सामर्थ्य 5. तुला (तराजू)

72

अगर न जाऊँ तो पानी सनकता रहता है
मिरे बग़ैर समन्दर भटकता रहता है

ऐ शबग़ज़ीदो[1]! कभी बेक़रार मत होना
तुम्हारा दिल मिरे दिल में धड़कता रहता है

ग़रीबे-शह्र उसी पर असास[2] रखते हैं
वो एक दिन जो कई दिन चमकता रहता है

ये वाक़िया[3] है बड़ा ज़िम्मेदार पागल है
अकेला शह्र में दुश्नाम[4] बकता रहता है

मगर वो आज भी टूटे हुए खिलौने में
न जाने कौन से आसार[5] तकता रहता है

---

1. रात के डँसे हुओ 2. निर्भरता 3. घटना 4. गालियाँ 5. सम्भावना

73

साहिलों[1] की नफ़ी[2] न हो जाऊँ
डूब कर सनसनी न हो जाऊँ

खुल रहा है महाज़[3] अन्दर का
मारका[4] आख़िरी न हो जाऊँ

रंजिशें कैसे छोड़ सकता हूँ
शह्र में अजनबी न हो जाऊँ

कोई मेरा मिज़ाज पूछ न ले
पागलों की हँसी न हो जाऊँ

इक अजब धुन है पासबानी[5] की
तेरी दीवार ही न हो जाऊँ

थोड़ा सब्रो-सुकून भी या रब
इस तरह आदमी न हो जाऊँ

---

1. किनारों 2. हानि 3. युद्धस्थल 4. युद्ध 5. देख-रेख

74

सूरज की सि़फ़ारिश थी बयाबान में कस था
लँगड़ाते हुए, पाँव में तकलीफ़ का रस था

हमने कभी सहरा की रवायत[1] नहीं तोड़ी
रिसने के लिये ख़ून था रुकने को नफ़स[2] था

जाता भी कहाँ भाग के उजड़े हुए दिन से
सच बात तो ये है मिरे अन्दर ही क़फ़स[3] था

हम आपकी त़फ़सीर[4] रक़म[5] करने में गुम थे
मालूम नहीं शहरे-अयाँ[6] था कि क़फ़स था

दरअस्ल मिरा रुख़ सभी रस्तों से अलग था
हालाँकि तिरे हाथ में चाँदी का कलस था

---

1. परम्परा 2. साँस 3. पिंजरा 4. व्याख्या 5. लिखने 6. प्रकट क्षेत्र

75

सुबूते-क़त्ल[1] ओझल हो गया है
जो सच्चा था वो पागल हो गया है

मिरे क़िस्से के क़िस्सागो[2] बहुत थे
बड़ी जल्दी मुकम्मल[3] हो गया है

इसे कहते हैं हुस्ने-दस्तकारी[4]
शजर[5] काटा तो सन्दल[6] हो गया है

यही तो है शऊरे-बेशऊरी
दिल अपने आप बोझल हो गया है

ये जंगल तो शिफ़ाख़ाना[7] था पहले
अब आया हूँ तो मक़्तल[8] हो गया है

---

1. हत्या का सुबूत 2. कहानी बताने वाले 3. पूर्ण 4. सुघड़ हाथ की गुणवत्ता 5. पेड़ 6. चंदन
7. स्वास्थ्यगृह 8. वधस्थल

76

सहारे पर सहारा दे रही है
वही इक चीज़ जो टूटी हुई है

अभी तक सिर्फ़ सूरज ढल रहे थे
मगर ये शाम शामे-वाक़ई है

तक़ाज़ा ये कि रुक जायें यहीं पर
हवा ऐसी कि पत्थर तोड़ती है

फ़ज़ा भी अब कहाँ बेसाख़्ता है
किसी के पीछे-पीछे चल रही है

कोई इल्ज़ाम भी सर पर नहीं था
न जाने क्यों ये गरदन झुक रही है

यहाँ तक चल रही है साअते-दिल[1]
फिर उसके बाद शायद ज़िन्दगी है

---

1. दिल की घड़ी

77

कोई हद से वरा नहीं होता
शर्तिया फ़ायदा नहीं होता

उससे मैं बेवफ़ाई कर जाता
वो अगर बेवफ़ा नहीं होता

हाज़िरी का जवाज़ मत पूछो
हर जगह क़ायदा नहीं होता

मुश्किलों में शरीक रहता है
हुस्न मुश्किलकुशा[1] नहीं होता

मेरा दिल भी किसान है या रब
इसका क़र्ज़ा अदा नहीं होता

---

1. मुश्किल समाप्त करने वाला

78

नर्म लहजे से बड़ा काम लिया जाता है
इससे दुश्मन का जिगर चाक किया जाता है

रोज़े-ग़म[1] क्या तुझे मालूम नहीं है कि यहाँ
शाम को बैठ के आराम किया जाता है

बात तब है कि कोई आख़िरी ख़्वाहिश ही न हो
बहरे-तामील[2] अगर ज़हर पिया जाता है

खींचा जाता है हर इक जिस्म से रेशा-रेशा
तब कहीं जाके कोई ज़ख़्म सिया जाता है

बेवफ़ा शाम तिरा नामे-गिरामी[3] अब भी
हाशिया छोड़के तहरीर[4] किया जाता है

---

1. दुख के दिन 2. आदेश पूर्ति 3. श्रद्धेय नाम 4. लिखा

79

मैं जानता हूँ बहारें वसूल कर लेना
सवाल ये है मुझे लौटना नहीं आता

सही तो ये था कि रस्ते में ख़ुश्क हो जाता
बुरा तो ये है कि दरिया में गिर गया दरिया

तमाम लोग सितारों पे तस्फ़िया[1] कर लें
मैं अपना चाँद ज़मीं खोदकर निकालूँगा

मैं उनको याद न करने पे रह गया चुपचाप
मगर वहाँ भी मुझे इख़्तिलाफ़[2] करना था

सब अपनी-अपनी जगह पर उदास बैठे थे
शराब आई तो आफ़ाक़[3] हो गया चेहरा

---

1. समझौता 2. विरोध प्रकटन 3. जगमगा जाना

80

मैं खड़ा हूँ यज़ीदख़ाने में
ये क़बाहत[1] है सर झुकाने में

हमने सरकारी आग देखी है
उम्र कट जायेगी बुझाने में

घाव की शक्ल में निकलता है
चाँद बरसात के ज़माने में

मैं ही मक़्तूल और क़ातिल भी
बेवक़ूफी है ये बताने में

मेरा किरदार[2] था मुहब्बत का
पैरहन[3] जल गये बुझाने में

रहनुमा[4] है तराश लो तस्वीर
काम आ जायेगी डराने में

---

1. समस्या 2. चरित्र 3. कपड़े 4. मार्गदर्शक

81

अपनी ही ज़ात पे रक्खा है भरोसा अपना
मूँदकर आँख लगाता हूँ निशाना अपना

ये भी सच है कि हमें ख़ौफ़ज़दा[1] रखता है
अजनबी शहर में बदला हुआ लहजा अपना

अब मिरे सर कोई इल्ज़ाम नहीं आ सकता
दोनों कंधों पे मुक़र्रर है फ़रिश्ता अपना

वो तअल्लुक़ भी किफ़ायत से अदा करते हैं
बरसरे-ताक़ ही रखते हैं उजाला अपना

चौतरफ़ उनके उजाला है तो हैरत न करो
चाँदनी ढूँढ ही लेती है सरापा[2] अपना

---

1. भयभीत 2. सर्वांग

82

नाम लेकर बड़बड़ाने की हिदायत[1] कर गये
मेरे अफ़साने[2] के सब किरदार[3] हिजरत[4] कर गये

मैं बहुत हैरान हूँ वो इससे घबराये नहीं
जाने कैसे लोग थे जो बादशाहत कर गये

फ़ायदा क्या है कि अब सोचें ख़वायाते-सफ़र[5]
तोड़कर जाना ज़रूरी था कि उजलत[6] कर गये

चेहरा पढ़ लेने की आदत में बड़े नुक़्सान हैं
ऐसा लगता है कि जैसे हम ख़यानत[7] कर गये

इससे पहले वो तअल्लुक़ की नज़ाकत[8] पूछते
इक परिन्दा छोड़कर ये भी वज़ाहत[9] कर गये

---

1. शिक्षा, सीख 2. कहानी 3. चरित्र 4. प्रस्थान 5. यात्रा की परम्परा 6. जल्दी 7. ग़बन 8. सूक्ष्मता, कोमलता 9. स्पष्टीकरण

83

ख़ुद पे अहसान के सिवा क्या है
छोड़ देंगे शराब का क्या है

या इलाही तिरे ख़ज़ाने में
कम नहीं है तो माजरा क्या है

मैं तो अहसास भी नहीं करता
फिर ये दिल पर दबाव सा क्या है

ख़त[1] की सरशारियाँ[2] ही काफ़ी हैं
कौन देखे लिखा हुआ क्या है

मैं जो पढ़ता तो ख़त में ये पढ़ता
इसके अन्दर मिटा हुआ क्या है

---

1. पत्र, लेखन 2. उन्मत्तता

84

वाक़िया घर तलाश करता हुआ
ये बता कितने रोज़ तक आया

इस तरह बेवतन नहीं होते
एक आँसू अगर टपक जाता

पेड़ के साथ कट गया शायद
एक झोंका लहू लहू आया

झड़ गया है जो अपनी क़िस्मत से
वो सितारा भी आप जैसा था

सह्न में अपने बाल फैलाकर
जैसे इक और दिन निकल आया

85

बड़ा हो के अब आँधियाँ काटता है
ये इमकान[1] कितना हरा हो चुका है

मैं चारों तरफ़ फड़फड़ाने लगा हूँ
ये ख़ंजर मुझे गुदगुदाने लगा है

तमन्ना नहीं मीठे पानी की या रब
ये सहरा मिरा रास्ता रोकता है

ग़ज़ब रौशनी है मिरे दिल के अन्दर
अकेले में कोई यहाँ झूलता है

उधर कोई चट्टान ऊँची नहीं है
इधर आओ सूरज यहाँ डूबता है

---

1. सम्भावना

86

कोई तक़रीब[1] होने वाली है
शहर की सीधी आँख फड़की है

आदमी फड़फड़ा कर रह जाये
कितनी गहरी लकीर ख़ींची है

एक रत्ती भी कम नहीं लेती
ज़िन्दगी जब हिसाब करती है

इक वसीला[2] है नाउमीदी[3] भी
अपनी तस्दीक़[4] होती रहती है

गर्दआलूद माबदों की तरह
ये गली भी बहुत पुरानी है

ढल चुकी रात नौहाख़्वानी[5] की
ख़ामुशी ऐतराफ़[6] करती है

ज़िन्दगी ला तुझे अदा कर दें
तू भी इक रस्मे-नारसाई[7] है

---

1. उत्सव 2. माध्यम 3. निराशा 4. पुष्टि 5. शोकगीत 6. स्वीकार 7. पहुँच से बाहर की रस्म

87

शोर करता हुआ तैय्यारा[1] निकल जाता है
इतनी टूटी हुई आवाज़ पे कौन आता है

मेरे हाथों से मिरा क़त्ल कराने के लिये
इक शजर[2] रोज़ मिरे हाथ से कटवाता है

पट्टियाँ आँख पे बँधवा के बुलाता है हमें
किसको मालूम कहाँ रास्ता बल खाता है

अपने हाथों से मिरी ख़ाक उड़ा दी फिर भी
वो मिरे सामने आता है तो घबराता है

मैं तिरी राह का इक ऐसा मुसाफ़िर हूँ कि जो
अपने बिखरे हुए सामान पे सो जाता है

___

1. वायुयान 2. पेड़

88

दिल्ली दरबार बिखरने के लिये होता है
शाह मसनद[1] से उतरने के लिये होता है

ठोकरें खाके तड़पते तो बहुत हैं लेकिन
ग़ुस्सा बच्चों पे उतरने के लिये होता है

फ़न[2] किसी शख़्स को छोटा नहीं रहने देता
रक़्स[3] भी हम से गुज़रने के लिये होता है

सूरमा[4] हो तो मुक़ाबिल[5] से झिझकना कैसा
आइना सामना करने के लिये होता है

इसमें जीने की तमन्ना ही अजब लगती है
प्यार तो डूब के मरने के लिये होता है

____

1. गद्दी 2. कला 3. नृत्य 4. योद्धा 5. प्रतिद्वन्द्वी

89

शऊरे-हर्फ़े-वफ़ा[1] का अमीन[2] कर देंगे
हम अपने बाद तुम्हें जाँनशीन कर देंगे

इन आँसुओं में घने बादलों के तेवर हैं
बरस गये तो ज़मीं रेशमीन कर देंगे

फ़क़ीरे-शे'रो-अदब[3] हैं प दस्तकार[4] भी है
तराश कर तिरा लहजा हसीन कर देंगे

किसी ने हमसे क़यादत[5] का हाल पूछा तो
हम उसके आगे फटी आस्तीन कर देंगे

बस एक नारा हमारे ख़िलाफ़ लिख दीजे
ये लोग आपको मसनदनशीन कर देंगे

ये लोग यूँ ही चकरविरधी[6] ब्याज लेते रहे
तो एक रोज़ हमें भी ज़हीन कर देंगे

---

1. वफ़ा की गुणवत्ता 2. रक्षक 3. साहित्य के मलंग 4. शिल्पकार 5. नेतृत्व 6. चक्रवृद्धि

90

मिज़ाजे-यार में कुछ हेर-फेर करना है
चराग़े-शाम जलाने में देर करना है

कटाई होने लगी है हरे दरख़्तों की
जवाज़िया[1] है कि दुश्मन को ज़ेर[2] करना है

किसे ख़बर थी कभी वापसी नहीं होगी
बताके आये थे घर पे कि सैर करना है

वो काम मेरे क़बीले के ज़िम्मे कर देना
जो काम आँख उठाये बग़ैर करना है

अलग महाज़[3] पे हूँ मेरी वापसी कैसी
मुझे तो ज़िल्ले-इलाही को ज़ेर करना है

●●●

---

1. कारण 2. नष्ट 3. मोर्चे

राजपाल एण्ड सन्ज़ की स्थापना एक शताब्दी पूर्व 1912 में लाहौर में हुई थी। आरम्भिक दिनों में अधिकतर धार्मिक, सामाजिक और देश-प्रेम की पुस्तकें प्रकाशित होती थीं और हिन्दी के अतिरिक्त अंग्रेज़ी, उर्दू व पंजाबी भाषा में भी पुस्तकें प्रकाशित की जाती थीं।

1947 में भारत-विभाजन के बाद राजपाल एण्ड सन्ज़ को नए सिरे से दिल्ली में स्थापित किया गया और साहित्यिक पुस्तकों के प्रकाशन का आरम्भ हुआ। रामधारी सिंह दिनकर, महादेवी वर्मा, बच्चन, अज्ञेय, शिवानी, आचार्य चतुरसेन, विष्णु प्रभाकर, राजेन्द्र यादव, मोहन राकेश, रांगेय राघव, कमलेश्वर और अन्य साहित्यिक लेखकों की कृतियाँ यहाँ से प्रकाशित होने लगीं। राजपाल एण्ड सन्ज़ से प्रकाशित *मधुशाला, कुरुक्षेत्र, मानस का हंस, आवारा मसीहा, कितने पाकिस्तान, आषाढ़ का एक दिन* जैसी पुस्तकें हिन्दी साहित्य की 'क्लासिक पुस्तकें' मानी जाती हैं और आज भी लोकप्रियता के शिखर पर हैं। भारत के राष्ट्रपतियों और प्रधानमंत्रियों की पुस्तकें प्रकाशित करने का गौरव भी राजपाल एण्ड सन्ज़ को प्राप्त है। नोबेल पुरस्कार से सम्मानित अर्थशास्त्री डॉ. अमर्त्य सेन की सभी पुस्तकों के हिन्दी अनुवाद यहाँ से प्रकाशित हैं। अन्तरराष्ट्रीय चर्चित पुस्तकों के अनुवाद, विश्वविख्यात कोशकार डॉ. हरदेव बाहरी द्वारा सम्पादित 'राजपाल' शब्दकोशों की शृंखला और किशोरों के लिए सैकड़ों पुस्तकें राजपाल एण्ड सन्ज़ से प्रकाशित हुई हैं।

पाठकों के स्वस्थ और सुरुचिपूर्ण मनोरंजन और ज्ञानवर्धन के लिए समर्पित राजपाल एण्ड सन्ज़ से हिन्दी और अंग्रेज़ी में पुस्तकें प्रकाशित होती हैं जो देश के सभी बड़े पुस्तक-विक्रेताओं और विश्व भर के ऑनलाइन विक्रेताओं के यहाँ उपलब्ध हैं।

राजपाल एण्ड सन्ज़

1590 मदरसा रोड, कश्मीरी गेट, दिल्ली-6, फोन: 011-23869812, 23865483
email: sales@rajpalpublishing.com, facebook: facebook.com/rajpalandsons
website: www.rajpalpublishing.com

शायरी की अन्य चर्चित पुस्तकें

सरहद के आर–पार की शायरी :
रफ़ी रज़ा और तुफ़ैल चतुर्वेदी

इस किताब में शामिल दोनों शायरों की विशेषता है कि ये सहज और सरल शब्दों में गम्भीर से गम्भीर विचार सफलतापूर्वक कह जाते हैं। जहाँ रफ़ी रज़ा को सोशल मीडिया पर अपने विचारों के कारण बहुत से लोगों की नाराज़गी उठानी पड़ती है तो वहीं तुफ़ैल चतुर्वेदी का भी यही हाल है।

पाकिस्तान के शायर, रफ़ी रज़ा, की शायरी में जब मुहब्बत दाख़िल होती है तो पूरी कायनात में फूल से खिलने लगते हैं। गुस्सा फूटता है तो बदला नहीं बेबसी होती है। रफ़ी रज़ा जब हैरत के संसार में प्रवेश करते हैं तो पाठक भी हैरतज़दा हो जाते हैं। वो बने–बनाये ढर्रे पर नहीं चलना चाहते बल्कि खुद ही सब अनुभव करना चाहते हैं। रफ़ी रज़ा की ग़ज़लें पहली बार देवनागरी में प्रकाशित हो रही हैं।

चुनिंदा बातों को छोड़कर हिन्दुस्तान के शायर, तुफ़ैल चतुर्वेदी, का व्यक्तित्व काफ़ी हद तक रफ़ी रज़ा से मिलता–जुलता है। लेकिन उनकी शायरी का रंग अलग है। तुफ़ैल चतुर्वेदी का कहना है–

> कोई झोंका नहीं है ताज़गी का
> तो फिर क्या फ़ायदा इस शायरी का

उनके शे'रों में व्यंग्य की धार भी है और 'करुण रस रसराज है' वाली बात भी सत्य साबित होती है।

ISBN: 9789386534972
पृष्ठ : 192

सात पाकिस्तानी शायर

डेढ़ सौ सालों से भी ज़्यादा पुरानी ग़ज़ल कहने की परंपरा अविभाजित भारतीय उपमहाद्वीप के दकन से लेकर दिल्ली, लखनऊ, लाहौर और कराची तक प्रचलित थी। लेकिन 1947 में हिन्दुस्तान और पाकिस्तान दो अलग देश बन गये। जहाँ एक ओर हिन्दी के पाठक हिन्दुस्तान के नये शायरों से तो वाकिफ़ हैं लेकिन इक्कीसवीं सदी में पाकिस्तान में कैसी ग़ज़लें कही जा रही हैं, उसकी बहुत कम जानकारी पाठकों को है। इस कमी को दूर करती है यह किताब, जिसमें सात पाकिस्तानी शायरों के कलाम पेश हैं। यूँ तो पाकिस्तान में बेशुमार शायर हैं और उनमें से कुछेक को ही इस किताब के लिए चुनना एक चुनौती थी। चुनाव का पैमाना यह रखा गया कि शायर ऐसे हों जिनकी ग़ज़लों को हिन्दी के पाठक समझ सकें और उनसे हिन्दुस्तान के लोग कुछ हद तक वाकिफ़ हों। इस पैमाने पर सात शायर ही खरे उतरे और उन सात शायरों की चुनिंदा ग़ज़लें इस किताब में पेश हैं।

शायरों और उनकी ग़ज़लों को चुनने का मुश्किल काम और उनका संपादन तुफ़ैल चतुर्वेदी ने बेहतरीन ढंग से किया है। वे बरसों से अपनी पत्रिका, *लफ़्ज*, के माध्यम से हिन्दी के पाठकों को उर्दू की बेहतरीन शायरी से परिचित कराते रहे हैं।

ISBN: 9789386534989
पृष्ठ : 160

तल्ख़ियां

तल्ख़ियां साहिर लुधियानवी की सबसे पहली किताब थी और इसमें 67 गीत और ग़ज़लें हैं। उर्दू में लिखी यह किताब बहुत लोकप्रिय हुई और इसके कई संस्करण छपे। 1958 में इसका हिन्दी रूपांतर राजपाल एण्ड सन्ज़ से प्रकाशित हुआ। साहिर के चाहने वाले पाठकों की माँग पर अब इसका नया संस्करण प्रस्तुत है। साहिर लुधियनावी को उनकी शायरी के लिए तो याद किया ही जाएगा लेकिन साथ ही उन्हें हिन्दी सिनेमा में गीतों को एक नई पहचान और मुकाम देने के लिए भी हमेशा याद रखा जायेगा।

ISBN: 9789386534668
पृष्ठ : 128

चिराग़ फिर भी चिराग़ है

चिराग़ फिर भी चिराग़ है जाने-माने शायर कुलदीप सलिल की बेमिसाल शायरी का संकलन है। उनके लेखन में जहाँ पारम्परिक उर्दू शायरी की खुशबू है तो साथ ही वर्तमान परिस्थितियों से जूझने का बोध और बोझ भी। दिलोदिमाग पर छा जाने वाली ये ग़ज़लें, क़्ते और कविताएँ लम्बे समय तक पाठक को याद रहने वाली हैं। उर्दू शायरी के अलावा कुलदीप सलिल हिन्दी और अंग्रेज़ी में भी कविता लिखते हैं। उनकी पुस्तकें *Treasury of Urdu Poetry, Diwan-e-Ghalib, Best of Faiz, Best of Meer, Best of Sahir* बहुत ही लोकप्रिय हैं।

ISBN: 9789386534477
पृष्ठ : 144

दूसरा इश्क

'सिकन्दर' की ग़ज़लों में एक नयापन और अलग-सा ज़ायका है; जहाँ एक तरफ़ वो शायरी की परंपरा के दायरे में रहकर शे'र कहते हैं तो वहीं लफ़्ज़ों के एकदम नये और अनूठे प्रयोग भी करते हैं। 'सिकन्दर' की शायरी उनकी गंगा-जमुनी सोच और संवेदना से उभरती है। मुशायरों के अलावा रेडियो, टेलीविज़न, म्यूज़िक एल्बम और फ़िल्मी संगीत जगत में भी निरन्तर सक्रिय हैं।

ISBN: 9789386534439

पृष्ठ : 144

पाँचवीं हिजरत

हुमैरा राहत पाकिस्तान की जानी-पहचानी लेखिका हैं जिनकी अभी तक शायरी की तीन पुस्तकें छप चुकी हैं। इन्हीं में से उनकी चुनिंदा नज़्में और ग़ज़लें इस पुस्तक में शामिल हैं। शायरी के अलावा वे उपन्यास और कहानियां भी लिखती हैं जिसके लिए उन्हें अनेक सम्मानों से नवाज़ा जा चुका है। हुमैरा राहत कराची में रहती हैं और एक स्कूल में पढ़ाती हैं।

ISBN: 9789350643983

पृष्ठ : 128

दिल की नज़र से

फ़िल्मों के संगीत-निर्देशक रवीन्द्र जैन संगीतकार होने के साथ एक बहुत अच्छे गीतकार, गायक और शायर भी हैं। अलीगढ़ में जन्मे रवीन्द्र जैन जन्मान्ध हैं लेकिन कभी इसको अपने रास्ते की बाधा नहीं बनने दिया। फ़िल्मों के अतिरिक्त टेलिविजन धारावाहिकों का भी संगीत-निर्देशन किया। उनके कई गैर-फिल्मी एलबम भी हैं। इस पुस्तक में उनकी ग़ज़लें, नज़्में और शे'र आपको बहुत पसन्द आयेंगे।

ISBN: 9789350642351

पृष्ठ : 136

शायरी की अन्य चर्चित पुस्तकें

पाकिस्तान की शायरी

हिन्दुस्तानी ग़ज़लें

ये मेरी ग़ज़लें ये मेरी नज़्में

ख़ानाबदोश

बशीर बद्र

कृष्ण बिहारी 'नूर'

अहमद फ़राज़

कैफ़ी आज़मी

शहरयार

निदा फ़ाज़ली

अमीर क़ज़लबाश